D1670191

Hannelore Jauss

Über die Liebe – predigen

Hannelore Jauss

Über die Liebe

—

predigen

Fischbach Verlag Dornhan

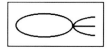

Titelbild:
Alpenblick (Ausschnitt)
© Hannelore Jauss – Aquarell 2000

Umschlaggestaltung:
© Fischbach Verlag Dornhan 2016

ISBN 978-3-932904-18-9

Vorwort

Die Aussicht auf Wiesen und Wälder, auf Berge im Lichtspiel der Tageszeiten, das verändert den Blick auf das eigene Leben, auf die inneren Landschaften. Ruhe finden nach Alltagsstress, nach schweren Krankheiten oder Verlusten, sich verwöhnen lassen und die abgearbeiteten Hände in den Schoß legen, das sind lohnende Ziele für Menschen jeden Alters. Und Kureinrichtungen sind genau dafür geschaffen. Seit den 90er Jahren war ich krankheitsbedingt regelmäßig zu Gast in Oberstdorf, im »Christlichen Hospiz«, das später zu »Schüle´s Gesundheitsresort & Spa« umgetauft wurde. Doch das Christliche ist geblieben – als Alleinstellungsmerkmal unter allen außerkirchlichen Kurbetrieben in Deutschland –, indem jeden Tag eine Andacht bzw. eine abendliche Besinnung von einem »hoteleigenen« Pfarrer angeboten wird.

Herr Prälat Martin Achtnich von der Badischen Landeskirche, der selbst dort gepredigt hatte, machte mich einst auf das Hotel aufmerksam, und ich erlebte hier amtierende Theologen aus ganz Deutschland, die heute alle im Ruhestand sind: u. a. Herrn Direktor Pfarrer Hans-Georg Filker, Herrn Oberkirchenrat Dr. Theodor Glaser, Herrn Bischof Karl Ludwig Kohlwage, Herrn Fernsehpfarrer Johannes Kuhn und Herrn Prälat Gerhard Röckle. Ihnen sei stellvertretend für alle anderen dieses Buch gewidmet.

Es freute mich nun besonders, im August 2015 den Reigen der Kurpredigerinnen eröffnen zu dürfen und damit etwas von dem zurückzugeben, was ich selbst vielfach empfangen hatte. Herzlich danken möchte ich meinen Zuhörern, den Gästen, für die persönlichen Gespräche und die vertrauensvolle Gemeinschaft, sowie der Familie Schüle, die nun schon in der dritten Generation das Haus führt.

Wer Gott, dem Allerhöchsten, traut,

der hat auf keinen Sand gebaut! (EG 369,1)

Herrn Gerd Fischer vom Fischbach Verlag Dornhan bin ich besonders dankbar für die Ermöglichung der Drucklegung, die er in gewohnt freundschaftlicher Professionalität begleitet hat.

Tübingen, im September 2015   *Hannelore Jauss*

Zugang zum Thema »Liebe«

Nach jahrelangen Studien zum Thema meiner Habilitationsschrift »Der liebebedürftige Gott und die gottbedürftige Liebe des Menschen« (Münster 2014) stellte ich mir als Pfarrerin die Frage, wie die dabei gewonnenen Erkenntnisse praktisch umzusetzen seien in die Sprache der Verkündigung.

Das zunächst provozierende Moment einer göttlichen Liebebedüftigkeit, aus alttestamentlichen Texten erschlossen, öffnet auf dem Weg der Tradition den Zugang zur neutestamentlichen Offenbarung von Jesus Christus, dem fleischgewordenen Gotteswort, dessen Lebenslauf mit der Liebebedürftigkeit eines Säuglings begann. Auch die aus alttestamentlicher Sicht behauptete gottbedürftige Liebe des Menschen hat sich im Christusereignis, in seiner Erscheinung, Passion und Auferstehung, aufs Schönste verifiziert. Insofern war es für mich besonders reizvoll, einer christlichen Gemeinde die biblische Theologie in ihrer thematischen Stringenz näherzubringen.

Als ein glücklicher Umstand darf es bezeichnet werden, dass sich die Predigtsituation in einem Kurhotel anders gestaltet als im normalen Pfarrberuf. Tägliche Gottesdienste mit Hörern, die dasselbe Haus bewohnen, dieselben Mahlzeiten einnehmen und denselben Blick in die Bergwelt genießen, schaffen eine besondere Atmosphäre des Miteinander-Redens und des Aufeinander-Hörens. Kurz, ein Idealfall für die Predigtlehre der Praktischen Theologie, zu der diese Veröffentlichung einen Beitrag leisten will.

Das durchgängige Thema der Liebe, im täglichen Rhythmus vorgetragen, erlaubt den Rückbezug auf vorhergehende Einsichten und deshalb auch eine Textauswahl, die sukzessiv der seelsorgerlichen Intention entspricht. Die liturgischen Elemente der Gottesdienste sind ganz bewusst mit veröffentlicht, um auch die Leser mit einzubinden in das Geschehen, das dem verkündeten Gotteswort eignet: UBI ET QUANDO VISUM EST DEO (wo und wann es Gott gefällt).

Den Kurpredigern

Prälat Martin Achtnich (Karlsruhe),
Direktor Pfarrer Hans-Georg Filker (Berlin),
Oberkirchenrat Dr. Theodor Glaser (München),
Bischof Karl Ludwig Kohlwage (Lübeck),
Fernsehpfarrer Johannes Kuhn (Leinfelden),
Prälat Gerhard Röckle (Stuttgart)

in Dankbarkeit gewidmet.

Der Gästebrief

Tübingen, Ende Juli 2015

Liebe Gäste,

als echte Schwäbin sage ich Ihnen mit der abgebildeten Karte: Grüß Gott! Die ersten fünf Buchstaben verraten auch einem Nichtschwaben das Thema, mit dem wir uns in der abendlichen Besinnung jeweils befassen werden. Es ist die Liebe.

Und wie im Leben, so ist es im lebendigen Wort Gottes: Die Liebe versteckt sich oft, weil sie so gern gefunden, entdeckt werden will. Deshalb kommen auch biblische Texte zur Sprache, die gar nicht direkt von Liebe reden. Falls Sie Lust und Zeit haben, die Bibeltexte vorher oder nachher zu lesen, oder wenn Sie sich einfach informieren wollen, hier ist unser Programm:

05. 08. 2015	Lukas 12, 16-21
06. 08. 2015	Johannes 17, 20-26
07. 08. 2015	Matthäus 4, 1-11
08. 08. 2015	Psalm 1
09. 08. 2015	1. Korinther 13, 1-8.13
10. 08. 2015	Markus 12, 28-34
11. 08. 2015	Lukas 10, 25-37
12. 08. 2015	Johannes 6, 1-15
13. 08. 2015	Psalm 63, 2-9
15. 08. 2015	Johannes 20, 11-18
16. 08. 2015	2. Mose 3, 1-14
17. 08. 2015	Hiob 1-2; 7, 21; 14, 15; 19, 25-27
18. 08. 2015	Jeremia 1, 4-8; 15, 10.16; 20, 7
19. 08. 2015	Psalm 22, 2-4.6.12.20
20. 08. 2015	1. Mose 22, 1-14
21. 08. 2015	1. Mose 32, 4 - 33, 11
22. 08. 2015	1. Mose 37; 39-50
23. 08. 2015	Psalm 100
24. 08. 2015	Matthäus 25, 1-13
25. 08. 2015	Die Sprache der Liebe

liebekoscht nix ondischbio

Noch etwas zu meiner Person: Außer Schwäbin bin ich auch noch Pfarrerin i. R. und Privatdozentin für Altes Testament an der Evangelisch-theologischen Fakultät der Universität Tübingen.

Da ich schon viele Kur- und Urlaubszeiten im Hause Schüle genießen durfte, bin ich gespannt auf die Begegnungen mit vielen »alten« und neuen Gästen. Kurz, ich freue mich besonders auf Sie!

Mit herzlichen Grüßen,
Ihre Hannelore Jauss

ABENDLICHE BESINNUNG AM 5.8.2015 - *Lukas 12, 16-21*

BEGRÜSSUNG

Herzlich willkommen,
liebe Gäste,
zu unserer ersten gemeinsamen
abendlichen Besinnung.

Wir wollen uns be-sinnen,
d. h. uns Sinn geben,
diesen Tagen, unserem Leben Sinn geben,
einfach wieder zur Besinnung kommen …
Fragen, was bisher Sinn gemacht hat
und was in Zukunft sinnvoll sein wird.
Sinn suchend und findend
in nichts weniger
als in Gott und seinem Wort.

VOTUM

Und so beginnen wir im Namen des Vaters und des Sohnes und des Heiligen Geistes.
Amen.
Unsere Hilfe steht im Namen des Herrn, der Himmel und Erde gemacht hat,
der Treue hält ewiglich und nicht preisgibt das Werk seiner Hände.

GEBET

Zu ihm, dem dreieinigen Gott, beten wir jetzt
und sprechen gemeinsam den Text einer Liedstrophe.
Im Gesangbuch [Ausgabe für Bayern und Thüringen] die **Nr. 328, Strophe 2**:

Zieh mich, o Vater, zu dem Sohne,
damit dein Sohn mich wieder zieh zur dir;
dein Geist in meinem Herzen wohne

und meine Sinne und Verstand regier,
daß ich den Frieden Gottes schmeck und fühl
und dir darob im Herzen sing und spiel.

Herr, unser Gott, wir bitten Dich:
Bringe unser Herz vor Dir zur Ruhe.
Das Vergangene nimm in Deine gute Hand.
Das Künftige nimm in Deinen liebenden Blick.
Und das Jetzt segne Du.
Amen.

Psalm

Wir beten weiter und sprechen im Wechsel Worte aus **Psalm 63**,
im Gesangbuch die **Nr. 762**:

Gott, du bist mein Gott, den ich suche.
Es dürstet meine Seele nach dir,

mein ganzer Mensch verlangt nach dir
aus trockenem, dürrem Land, wo kein Wasser ist.

So schaue ich aus nach dir in deinem Heiligtum,
wollte gerne sehen deine Macht und Herrlichkeit.

Denn deine Güte ist besser als Leben:
meine Lippen preisen dich.

So will ich dich loben mein Leben lang
und meine Hände in deinem Namen aufheben.

Das ist meines Herzens Freude und Wonne,
wenn ich dich mit fröhlichem Munde loben kann;

wenn ich mich zu Bette lege, so denke ich an dich,
wenn ich wach liege, sinne ich über dich nach.

Denn du bist mein Helfer,
und unter dem Schatten deiner Flügel frohlocke ich.

Meine Seele hängt an dir;
deine rechte Hand hält mich.

Ehre sei dem Vater durch den Sohn im Heiligen Geist.
Wie im Anfang so auch jetzt und allezeit und in Ewigkeit.
Amen.

ANFANGSLIED

»Ich singe dir mit Herz und Mund«
Wir singen vom Lied **Nr. 324 die Strophen 1 bis 3**:

Ich singe dir mit Herz und Mund,
Herr, meines Herzens Lust;
ich sing und mach auf Erden kund,
was mir von dir bewußt.

Ich weiß, daß du der Brunn der Gnad
und ewge Quelle bist,
daraus uns allen früh und spat
viel Heil und Gutes fließt.

Was sind wir doch? Was haben wir
auf dieser ganzen Erd,
das uns, o Vater, nicht von dir
allein gegeben werd?

ANSPRACHE

Liebe Gäste,
liebe Schwestern und Brüder,
Geschichten aus dem Leben,
das sind Geschichten fürs Leben.
Jesus hat solche Geschichten erzählt.

Er hat keine Dogmatik geschrieben,
kein großes Lehrgebäude errichtet.

Nein, er hat einfach erzählt.
Und er will uns hineinnehmen in seine Geschichten,
die von Menschen handeln
wie Du und ich.

Und wenn wir uns darauf einlassen,
werden wir selbst Teil dieses Geschehens.
Wir identifizieren uns mit dem,
von dem geredet wird.
Und kommen gerade so dem näher,
der uns die Geschichte erzählt.

Jesus redet in seinem Gleichnis von einem Mann,
einem Bauern, der viel arbeitet,
und dem der Himmel gnädig ist.
Regen zur rechten Zeit
und Sonne zur rechten Zeit.
Die Ernte ist groß!
Viel größer als erwartet.
Der Bauer hat auf einmal mehr als genug.

Mehr als genug.
So sieht des Himmels reicher Segen aus.
Und jetzt stellt sich die Frage:
Was macht man daraus?

Wäre unser Mann so einer wie *Matthias Claudius*,
könnte er sich jetzt hinsetzen, ein Lied dichten und singen.
Etwa Lied 508, 1:
»Wir pflügen, und wir streuen
den Samen auf das Land,
doch Wachstum und Gedeihen
steht in des Himmels Hand:
der tut mit leisem Wehen

sich mild und heimlich auf
und träuft, wenn heim wir gehen,
Wuchs und Gedeihen drauf.
Alle gute Gabe kommt her von Gott dem Herrn,
drum dankt ihm, dankt, drum dankt ihm,
dankt und hofft auf ihn!«

Liebe Gäste,
ich unterhalte mich immer wieder gern
mit den Figuren,
die uns Jesus so plastisch vor Augen malt,
und sage dem Bauern in unserer Geschichte:
»Ein Loblied nach dieser großen Ernte,
das wär doch was!«

Doch der ist nicht begeistert.
Er schüttelt nur den Kopf.
»Nein, dafür hab ich keine Zeit.
Ich bin auch kein Schwärmer.
Ich bin Realist
und muss jetzt genau überlegen,
was zu tun ist …

Zuerst meinen Verwalter sprechen, …
rechnen und neu kalkulieren.
Ich werde investieren.
Wir müssen uns vergrößern.
Wo denkst du hin?
Zum Singen ist jetzt keine Zeit.

Vielleicht später.
Dann, wenn alle Vorhaben gelingen,
wenn alles geschafft ist.
Dann werde ich mir Zeit nehmen

fürs Singen …
oder besser für ein Selbstgespräch:
>Liebe Seele, du hast einen Vorrat auf viele Jahre.
Habe nun Ruhe, iss und trink und hab guten Mut!<«

Ich sehe den Bauern förmlich strahlen.
Ja, er hat tatsächlich bald ausgesorgt.
Plant er doch das,
was heute jeder vernünftige Mensch tut:
Vor-Sorge treffen
für die Zukunft,
fürs Alter.
Das ist doch klug!!

Schon will ich dem Bauern
anerkennend auf die Schultern klopfen,
da höre ich eine Stimme:
»Du Narr!«
Es ist Gottes Stimme.
Er sagt zu dem Bauern tatsächlich
»Du Narr,
diese Nacht wird man deine Seele von dir fordern!
Wem wird dann gehören, was du angehäuft hast?«,
d. h. was wird dann aus all deinen Schätzen?

Diese Gottesrede lässt meine Hand sinken.
Kein Schulterklopfen.
Eher Ratlosigkeit.

Diese Gottesfrage verschlägt mir die Sprache.
Ende der Geschichte.
Ende des Lebens.
Über Nacht.
Und alle Arbeit umsonst.

Nur noch lachende Erben.
Schlimm!

Enttäuscht über dieses abrupte Ende der Geschichte
sage ich mir im Stillen:
Wir wissen doch alle,
dass wir einmal sterben müssen.
Wissen sogar, dass heute der erste Tag
vom Rest unseres Lebens ist …

In solchen Gedanken versunken
hätte ich beinahe
den letzten Satz der Erzählung überhört.
Ausgerechnet!
Haben doch letzte Sätze
in allen biblischen Geschichten
besonderes Gewicht!
Auch in dieser.

Jesus sagt zum Schluss,
wie wir es in Lukas 12 Vers 21 lesen:
»So geht es dem,
der sich Schätze sammelt
und ist nicht reich bei Gott!«

Und wir,
wir müssen uns jetzt überlegen,
was das heißen könnte,
reich sein bei Gott …

Das hieße ja, Schätze sammeln
für Gott!
Aber:
Was könnte ich dem Allmächtigen denn geben,
was er nicht schon hätte?

Oder anders gefragt:
Könnte ich hier und jetzt etwas sammeln,
das auch dort in der Ewigkeit Bestand hat?
Etwas, das bleibt,
wenn alles andere vergeht?

Das letzte Hemd hat keine Taschen, sagt man.
Doch es muss offenbar einen Schatz geben,
den ich mitnehmen kann.
Dorthin.
Etwas Kostbares: im Himmel *wie* auf Erden.
Was könnte das nur sein?

Liebe Schwestern und Brüder,

Jesus entlässt uns also mit einer Frage:
Was ist das Besondere,
das sogar im Himmel zählt? …
Was *bleibt*?

Die Heilige Schrift legt sich selber aus, sagen Experten.
Und so habe ich nachgeschlagen.
Bei Paulus.
Er hat einst den Korinthern geschrieben, was bleibt:
Nun aber *bleiben*
Glaube, Hoffnung, Liebe, diese drei.
Aber die Liebe ist die größte unter ihnen (1. Kor 13, 13).

Warum?
Weil dort, im Himmel,
der Glaube zum Schauen
und die Hoffnung erfüllt wird.
Was bleibt,
was nicht abgelöst wird,
die Gestalt nicht verändert,

ist die Liebe.
Deshalb ist sie die Größte.
Der größte Schatz,
den wir in unserem irdischen Leben sammeln können.
Und wie sammelt man Liebe?
Indem man sie verschenkt.
Jeden Tag.
Ein wahrhaft himmlisches Geschäft.

Amen.

SCHLUSSGEBET

Lieber Herr und Heiland,
wir danken dir für dein Wort,
das uns zu Herzen geht.
Das uns Kraft gibt für ein sinnvolles Leben.
Denn du hast verheißen,
dass dein Wort tut,
was es sagt.

So tue an uns nach deinem Wort.
Lass uns in unserem Leben
das für Wert erachten
und das schätzen,
was auch im Himmel noch gilt.

Ermächtige uns durch deine Liebe,
dass auch wir lieben,
heute, morgen und in Ewigkeit.

Vater unser im Himmel, geheiligt werde dein Name.
Dein Reich komme.
Dein Wille geschehe. Wie im Himmel, so auf Erden.
Unser tägliches Brot gib uns heute.

Und vergib uns unsere Schuld, wie auch wir vergeben unsern Schuldigern.
Und führe uns nicht in Versuchung, sondern erlöse uns von dem Bösen.
Denn dein ist das Reich und die Kraft und die Herrlichkeit in Ewigkeit.
Amen.

SCHLUSSLIED

Wir singen vom angefangenen Lied **Nr. 324**
die Strophen 13, 14 und 17:

Wohlauf, mein Herze, sing und spring
und habe guten Mut!
Dein Gott, der Ursprung aller Ding,
ist selbst und bleibt dein Gut.

Er ist dein Schatz, dein Erb und Teil,
dein Glanz und Freudenlicht,
dein Schirm und Schild, dein Hilf und Heil,
schafft Rat und läßt dich nicht.

Er hat noch niemals was versehn
in seinem Regiment,
nein, was er tut und läßt geschehn,
das nimmt ein gutes End.

SEGEN

Gehet nun hin in diese Nacht und in den morgigen Tag mit dem Segen,
den der Herr auf sein Volk zu legen befohlen und verheißen hat:

Der Herr segne dich und behüte dich.
Der Herr lasse sein Angesicht leuchten über dir und sei dir gnädig.
Der Herr erhebe sein Angesicht auf dich und gebe dir Frieden.

Amen.

ABENDLICHE BESINNUNG AM 6.8.2015 - *Johannes 17, 20-26*

BEGRÜSSUNG

Herzlich willkommen,
liebe Gäste,
besonders die neu Hinzugekommenen
und diejenigen, die uns bald verlassen müssen.

Wir wollen uns auch heute Abend be-sinnen,
d. h. uns Sinn geben,
unseren Tagen, unserem Leben.
Einfach wieder zur Besinnung kommen …
Fragen, was bisher Sinn gemacht hat
und was in Zukunft sinnvoll sein wird.
Sinn suchend und findend
in nichts weniger
als in Gott und seinem Wort.

VOTUM

Und so beginnen wir im Namen des Vaters und des Sohnes und des Heiligen Geistes.
Amen.
Unsere Hilfe steht im Namen des Herrn, der Himmel und Erde gemacht hat,
der Treue hält ewiglich und nicht preisgibt das Werk seiner Hände.

GEBET

Zu ihm, dem dreieinigen Gott, beten wir jetzt
und sprechen gemeinsam den Text einer Liedstrophe.
Im Gesangbuch die **Nr. 328, Strophe 2:**

Zieh mich, o Vater, zu dem Sohne,
damit dein Sohn mich wieder zieh zur dir;
dein Geist in meinem Herzen wohne

und meine Sinne und Verstand regier,
daß ich den Frieden Gottes schmeck und fühl
und dir darob im Herzen sing und spiel.

Herr, unser Gott,
wir danken dir für diesen Tag.
Für das äußerlich sorglose Leben
in diesem gastlichen Haus.
Lass uns Kraft schöpfen
für den Alltag, der wiederkommen wird.
Hilf uns, wirklich abzuschalten,
alle Zukunftssorgen in deine Hand zu legen.
Wir danken dir,
dass du uns hörst,
was immer wir dir anvertrauen.
Dass du uns hören lässt
und wir deine Stimme vernehmen.
Amen.

Psalm

Wir beten weiter und sprechen im Wechsel Worte von **Psalm 1**,
im Gesangbuch die **Nr. 732**:

Wohl dem, der nicht wandelt im Rat der Gottlosen
noch tritt auf den Weg der Sünder
noch sitzt, wo die Spötter sitzen,

sondern hat Lust am Gesetz des Herrn
und sinnt über seinem Gesetz Tag und Nacht!

Der ist wie ein Baum, gepflanzt an den Wasserbächen,
der seine Frucht bringt zu seiner Zeit,

und seine Blätter verwelken nicht.
Und was er macht, das gerät wohl.

Aber so sind die Gottlosen nicht,
sondern wie Spreu, die der Wind verstreut.
Darum bestehen die Gottlosen nicht im Gericht
noch die Sünder in der Gemeinde der Gerechten.

Denn der Herr kennt den Weg der Gerechten,
aber der Gottlosen Weg vergeht.

Ehre sei dem Vater durch den Sohn im Heiligen Geist.
Wie im Anfang so auch jetzt und allezeit und in Ewigkeit.
Amen.

ANFANGSLIED

»Herz und Herz vereint zusammen«
Wir singen vom Lied **Nr. 251 die Strophen 1 und 4**:

Herz und Herz vereint zusammen
sucht in Gottes Herzen Ruh.
Lasset eure Liebesflammen
lodern auf den Heiland zu.
Er das Haupt, wir seine Glieder,
er das Licht und wir der Schein,
er der Meister, wir die Brüder,
er ist unser, wir sind sein.

Halleluja, welche Höhen,
welche Tiefen reicher Gnad,
daß wir dem ins Herze sehen,
der uns so geliebet hat;
daß der Vater aller Geister,
der der Wunder Abgrund ist,
daß du, unsichtbarer Meister,
uns so fühlbar nahe bist.

ANSPRACHE

Liebe Gäste,
liebe Schwestern und Brüder,
gestern hörten wir Jesus eine Geschichte erzählen.
Ein Gleichnis vom Sammeln,
und zwar des einzig wahren Schatzes
in dieser und in der kommenden Welt:
die Liebe.
Und wie sammelt man Liebe?
Indem man sie verschenkt.
Deshalb betreiben Liebende
ein wahrhaft zukunftsträchtiges,
ein himmlisches Geschäft.

Ein schönes Geschäft.
Aber
gar nicht so leicht.
Manchmal … ganz schön schwer.
Woher sollen wir die Kraft dazu bekommen,
täglich neu anzufangen
mit dem Liebe-Verschenken?
Wer von uns hat schon die Liebe gepachtet?

Hören wir auch heute auf Jesu Wort.
Diesmal redet er nicht zu uns.
Wir werden Zeugen, wie Jesus betet,
mit seinem Vater spricht.
Und wundern wir uns nicht,
dass von der Liebe geredet wird – und von uns.
Und zwar ausdrücklich von uns heute.
Nicht nur von den Jesusnachfolgern damals.
Hören wir also zu.

Das sog. Hohepriesterliche Gebet Jesu
aus dem Johannes-Evangelium, Kapitel 17,
beginnt mit dem Satz:
»Vater, die Stunde ist da«.

Welche Stunde ist gemeint?
Im nächsten Kapitel (18) beginnt die Passionsgeschichte.
Das Geschick des Gottessohnes nimmt seinen Lauf.
Davor also das letzte große Gebet.

Es ist gleichsam ein Testament.
Nicht vor einem Notar, sondern vor Gott.
Und es offenbart uns
Jesu letzten Willen für die Seinen.

Doch am Ende des Kapitels steht kein AMEN.
Weiß der Evangelist nicht, wie man ein Gebet beendet?
Das ist kaum anzunehmen.
Ich vermute,
es ist gerade die Fortsetzung in Kapitel 18,
die den Schreiber Johannes veranlasst hat,
das Amen wegzulassen.

Das bedeutet:
Wir sollen die folgende Passionsgeschichte
als AMEN lesen.

Denn sie sagt gleichsam AMEN,
d. h. »JA, so sei es!«
zu allem, was zuvor gesprochen wurde.

Liebe Hausgemeinde,
schauen wir uns diese Worte genauer an.

Jesus bittet für uns heute.
Wir alle

sind diejenigen,
die durch das Wort der Zeugen Jesu
zum Glauben gekommen sind.
Wir glauben,
was Gott uns in der Taufe zugesprochen hat:
»Fürchte dich nicht,
denn ich habe dich erlöst,
ich habe dich bei deinem Namen gerufen,
du bist mein« (Jes 43, 1).

Jeder und jede Getaufte gehört Gott.
Ob es uns immer bewusst ist oder nicht.
Wir alle sind gemeint,
wenn Jesus in Vers 20 sagt:
»Ich bitte auch für die,
die durch ihr Wort an mich glauben werden«.

Seine Vorstellungen von unserer Zukunft,
von unserem Leben,
sind bemerkenswert.
Seine Bitten an den Vater haben nämlich ein Ziel.
Angezeigt durch ein dreifaches *Damit*.

Erstens.
(Vers 22): »*Damit* sie eins seien, wie wir eins sind.«
Eins sein,
ein Herz und eine Seele, wie wir sagen,
das schafft nur die Liebe.
Die gegenseitige Achtung.
Bei aller Verschiedenheit.
Und das nennen wir heute Ökumene.

An der Basis wird sie bereits weltweit praktiziert.
Auch hier und jetzt.

Die Einheit, die Jesus sich wünscht,
ist die der Liebenden.
Ökumene, … auch ein himmlisches Geschäft.

Und was soll dabei herauskommen?
Was ist das Ziel?

Zweitens.
(Vers 21): »*Damit* die Welt glaube,
du habest mich gesandt«.
Die Einheit der Christen ist nach Jesu Meinung
die beste Mission.

Die Kirchengeschichte
ist reich
an Beispielen von Gemeinschaften,
deren gegenseitige Achtung und Liebe
anziehend wirkte auf ihre Umwelt.
Denken wir nur an die Leute
um den *Heiligen Franziskus*
oder um den *Grafen von Zinzendorf.*
Gemeinden entstehen nicht,
wo große Kirchen gebaut werden,
sondern wo Liebe verschenkt wird.
Dort
beginnt die Welt zu glauben.

Die Welt, von der Jesus redet,
ist auch unsere heutige Welt.
Und die schaut bekanntlich genau hin.
Der hohe Kirchturm beeindruckt sie nicht.
Aber die Liebe.
Und sooft wir uns beklagen

über eine zunehmend gottlose Welt,
steht unsere Liebe auf dem Prüfstand.

Und wir müssen bekennen:
Die Liebe ist uns oft abhanden gekommen.
Aber wo und auf welchem Weg
ist sie wieder zu finden?

Darauf antwortet unser letztes *Damit*.
Drittens.
(Vers 26): »*Damit* die Liebe,
mit der du mich liebst, sei in ihnen«!
Also: Gottes eigene Liebeskraft in mir?
Wie kommt sie dahin?

Das verrät gleich der nächste Vers (23):
»Damit die Welt erkenne,
dass du sie liebst
wie du mich liebst«.

Ganz unglaublich.
Gott liebt mich
WIE er seinen Sohn liebt?
Bevor die Welt dies erkennt,
sollte ich es erkennen,
wahr-nehmen,
was mir so unglaublich scheint.

Gott, der Schöpfer aller Dinge
liebt mich Sünder
genau so
wie er seinen Sohn liebt?
IHN, den sündlosen,
der gehorsam war bis zum Tod,
ja zum Tod am Kreuz?

Keine Frage,
dass der Vater im Himmel *diesen* Sohn liebt!
Aber mich?
Und dann auch noch: genau *so*??

Es geht mir dabei wie dem Psalmdichter (Ps 139):
»Diese Erkenntnis ist mir zu wunderbar und zu hoch,
ich kann sie nicht begreifen«.

Eine unvorstellbar große Liebe
soll mir gelten?
Trotz allem,
was ich in meinem Leben schon verbockt habe?
Trotz aller Schicksalsschläge,
die mich getroffen haben?
Trotz aller Leere,
in die mich mein Alltagsstress entlässt?
Trotz aller Enttäuschungen,
gerade in Liebesangelegenheiten?
Wie soll ich mich da auf eine so große Liebe einlassen?

Liebe,
das haben wir alle schon erfahren,
Liebe offenbart sich zuerst durch das Wort.
Und *Gottes* Liebe eben durch *Gottes* Wort.
Wie im Johannesevangelium.
Hier gibt es sogar einen durchgängigen Generalbass.
Alles fußt auf der Liebe, auf ihren Harmonien.
Sie gibt den Ton an.

Und so finden wir in diesem Evangelium auch Jesu
eigene Liebeserklärung in Kapitel 15 (Vers 9):
»Gleichwie mich mein Vater liebt, so liebe ich euch«.

Liebe Schwestern und Brüder,
an Jesus lässt sich also ablesen,
wie Liebe funktioniert.
Ganz erfüllt von der Liebe seines Vaters
teilt er diese Liebe aus.

Nicht wahr,
wer sich geliebt weiß,
dem fällt es viel leichter, Liebe weiterzugeben.
Für einen frisch Verliebten
ist die Welt ja nicht nur rosarot,
sondern auch die Mitmenschen
erscheinen ihm plötzlich
liebenswerter als zuvor.

Und ich frage mich: Wie wird *dann* erst
die Liebe des Schöpfers uns Menschen verändern?
Wer immer sich Gott öffnet,
in den fließt göttliche Liebe.
Und dieser Strom
lässt sich nicht stauen.
Er will,
ja, er muss sich ausbreiten.

Und hier erst entdecken wir,
dass das himmlische Geschäft,
Liebe zu sammeln bzw. zu verschenken,
zuerst und in Wahrheit
das ureigenste Geschäft des Himmels ist.

Gott selbst will *in uns*
die Kraft der Liebe sein.
Jesus Christus,
das lebendige Wort Gottes,

die lebendige Liebeserklärung Gottes,
will *in uns* die Kraft der Liebe sein.
Und er fragt mich:
Willst du mich einlassen?
In dein Herz? In dein Leben?

Letzte Sätze sind ja
in allen biblischen Geschichten
besonders gewichtig.
Und nicht umsonst heißt
der letzte Satz der ganzen Bibel:
Amen, Ja, komm Herr Jesu!

Amen.

SCHLUSSGEBET

Herr, du hast uns versprochen,
dass die Dynamik deiner Liebe
unsere trägen Herzen in Bewegung setzt,
dass die Wärme deiner Zuwendung
unsere kalten Herzen entflammt.

Herr, wir brauchen Liebe.
Wir brauchen dich.
Deshalb bitten wir:
Komme bald!

Komm
und bleibe bei uns,
denn es will Abend werden
und der Tag hat sich geneigt.

Vater unser im Himmel, geheiligt werde dein Name.
Dein Reich komme.
Dein Wille geschehe. Wie im Himmel, so auf Erden.

Unser tägliches Brot gib uns heute.
Und vergib uns unsere Schuld, wie auch wir vergeben unsern Schuldigern.
Und führe uns nicht in Versuchung, sondern erlöse uns von dem Bösen.
Denn dein ist das Reich und die Kraft und die Herrlichkeit in Ewigkeit.
Amen.

SCHLUSSLIED

Wir singen vom angefangenen Lied **Nr. 251**
die Strophe 7:

Laß uns so vereinigt werden,
wie du mit dem Vater bist,
bis schon hier auf dieser Erden
kein getrenntes Glied mehr ist,
und allein von deinem Brennen
nehme unser Licht den Schein;
also wird die Welt erkennen,
daß wir deine Jünger sein.

SEGEN

Gehet nun hin in diese Nacht und in den morgigen Tag mit dem Segen, den der Herr auf sein Volk zu legen befohlen und verheißen hat:

Der Herr segne dich und behüte dich.
Der Herr lasse sein Angesicht leuchten über dir und sei dir gnädig.
Der Herr erhebe sein Angesicht auf dich und gebe dir Frieden.

Amen.

ABENDLICHE BESINNUNG AM 7.8.2015 - *Matthäus 4, 1-11*

BEGRÜSSUNG

Herzlich willkommen, *liebe Gäste,*
zu unserer – wie in der Tagespost für heute zu lesen war –
»katholischen Andacht«.
Dieser »Fehler vom Amt« brachte mich auf die Idee,
heute einmal unsere katholischen Gäste
extra willkommen zu heißen.
Ökumene sei ein himmlisches Geschäft,
haben wir gestern gehört.
Und wir praktizieren diese Ökumene auch heute
in unserer gemeinsamen
abendlichen Besinnung.

Wir wollen uns be-sinnen,
d. h. uns Sinn geben,
diesen Tagen, unserem Leben Sinn geben,
einfach wieder zur Besinnung kommen.
Fragen, was bisher Sinn gemacht hat
und was in Zukunft sinnvoll sein wird.
Sinn suchend und findend
in nichts weniger
als in Gott und seinem Wort.

VOTUM

Und so beginnen wir im Namen des Vaters und des Sohnes und des Heiligen Geistes.
Amen.
Unsere Hilfe steht im Namen des Herrn, der Himmel und Erde gemacht hat,
der Treue hält ewiglich und nicht preisgibt das Werk seiner Hände.

GEBET

Zu ihm, dem dreieinigen Gott, beten wir jetzt
und sprechen gemeinsam den Text einer Liedstrophe.
Im Gesangbuch die **Nr. 328, Strophe 2**:

Zieh mich, o Vater, zu dem Sohne,
damit dein Sohn mich wieder zieh zur dir;
dein Geist in meinem Herzen wohne
und meine Sinne und Verstand regier,
daß ich den Frieden Gottes schmeck und fühl
und dir darob im Herzen sing und spiel.

Herr, unser Gott,
hier sind wir vor dir versammelt.
Nun sammle unsere Sinne,
dass die Seele nicht zerrinne
in den Bildern dieser Welt.
Lass uns auf *dich* schauen,
auf *dein* Wort hören
und von *dir* lernen:
leben lernen und lieben lernen.
Danke, dass du jedem und jeder von uns
etwas zu sagen weißt.
Amen.

PSALM

Wir beten weiter und sprechen im Wechsel den **27. Psalm**,
im Gesangbuch die **Nr. 744**:

Der Herr ist mein Licht und mein Heil;
vor wem sollte ich mich fürchten?
Der Herr ist meines Lebens Kraft;
Vor wem sollte mir grauen?

Eins bitte ich vom Herrn, das hätte ich gerne:
daß ich im Hause des Herrn
bleiben könne mein Leben lang,

zu schauen die schönen Gottesdienste des Herrn
und seinen Tempel zu betrachten.

Denn er deckt mich in seiner Hütte zur bösen Zeit,
er birgt mich im Schutz seines Zeltes
und erhöht mich auf einen Felsen.

Herr, höre meine Stimme, wenn ich rufe;
sei mir gnädig und erhöre mich!

Mein Herz hält dir vor dein Wort:
»Ihr sollt mein Antlitz suchen.«
Darum suche ich auch, Herr, dein Antlitz.

Verbirg dein Antlitz nicht vor mir,
verstoße nicht im Zorn deinen Knecht!

Denn du bist meine Hilfe; verlaß mich nicht
und tue die Hand nicht von mir ab, Gott, mein Heil!

Denn mein Vater und meine Mutter verlassen mich,
aber der Herr nimmt mich auf.

Ich glaube aber doch, daß ich sehen werde
die Güte des Herrn im Lande der Lebendigen.

Harre des Herrn!
Sei getrost und unverzagt und harre des Herrn!

Ehre sei dem Vater durch den Sohn im Heiligen Geist.
Wie im Anfang so auch jetzt und allezeit und in Ewigkeit.
Amen.

ANFANGSLIED

»Brunn alles Heils, dich ehren wir«
Vom Lied **Nr. 140** singen wir **alle 5 Strophen**:

Brunn alles Heils, dich ehren wir
und öffnen unsern Mund vor dir;
aus deiner Gottheit Heiligtum
dein hoher Segen auf uns komm.

Der Herr, der Schöpfer, bei uns bleib,
er segne uns nach Seel und Leib,
und uns behüte seine Macht
vor allem Übel Tag und Nacht.

Der Herr, der Heiland, unser Licht,
uns leuchten laß sein Angesicht,
daß wir ihn schaun und glauben frei,
daß er uns ewig gnädig sei.

Der Herr, der Tröster, ob uns schweb,
sein Antlitz über uns erheb,
daß uns sein Bild werd eingedrückt,
und geb uns Frieden unverrückt.

Gott Vater, Sohn und Heilger Geist,
o Segensbrunn, der ewig fließt:
durchfließ Herz, Sinn und Wandel wohl,
mach uns deins Lobs und Segens voll!

ANSPRACHE

Liebe Gäste,
liebe Schwestern und Brüder,
wir haben bereits miteinander erfahren,
dass die Liebe der größte Schatz ist
auf Erden wie im Himmel.
Oder wie es *Albert Schweitzer* einmal formulierte:
»Das einzig Wichtige im Leben
sind die Spuren der Liebe, die wir hinterlassen,

wenn wir ungefragt weggehen
und Abschied nehmen müssen«.

Wir haben bereits nachgefragt,
woher wir denn jeden Tag neu
die Kraft zum Lieben bekommen.
Das Johannesevangelium antwortet:
Weil wir wissen können,
dass wir selbst Geliebte sind.
Geliebte Gottes.
Weil er uns Sünder liebt, und zwar
genauso wie seinen einzigen geliebten Sohn.

Heute wollen wir gemeinsam
einem Geheimnis auf die Spur kommen.
Nur auf die Spur. Mehr nicht.
Denn eine Lösung finden wir Menschen nie.
Schon rein rechnerisch nicht.
1+1+1 gibt eben 3 und nicht 1.
Ich rede von der göttlichen Dreieinigkeit.
Auch für Theologen
ist die Trinität nicht wirklich zu begreifen.
Es gibt lediglich eine einzige Spur zum Verständnis.
Die Spur der Liebe.

Gott ist Liebe,
sagt uns der Brief des Johannes.
Liebe aber
kann und will nicht
bei sich selber bleiben.
Sie muss sich mitteilen.

Von der Liebe des Vaters zum Sohn
haben wir gestern gehört.

Heute erfahren wir etwas
von der Liebe des Sohnes zum Vater.

Wieder ist es ein Gespräch.
Aber gewiss kein Gebet! …
Und
erschrecken Sie nicht:
Diesmal redet Jesus mit dem Teufel.
Und doch zeigt sich gerade dabei
die tiefe Liebe und Verbundenheit Jesu
mit seinem Vater.

Ich lese den Text aus dem
Matthäusevangelium, die Verse 1-11:

> Da wurde Jesus vom Geist in die Wüste geführt,
> damit er von dem Teufel versucht würde.
> Und da er vierzig Tage und vierzig Nächte gefastet hatte,
> hungerte ihn.
> - Und der Versucher trat zu ihm und sprach:
> Bist du Gottes Sohn,
> so sprich, dass diese Steine Brot werden.
> Er aber antwortet und sprach: Es steht geschrieben
> (Dt 8, 3): »Der Mensch lebt nicht vom Brot allein,
> sondern von einem jeden Wort,
> das aus dem Mund Gottes geht!«
> - Da führte ihn der Teufel mit sich in die heilige Stadt
> und stellte ihn auf die Zinne des Tempels
> und sprach zu ihm:
> Bist du Gottes Sohn, so wirf dich hinab,
> denn es steht geschrieben (Ps 91, 11f):
> »Er wird seinen Engeln deinetwegen Befehl geben,
> und sie werden dich auf Händen tragen,
> damit du deinen Fuß nicht an einen Stein stößt!«

Da sprach Jesus zu ihm:
Wiederum steht auch geschrieben (Dt 6, 16):
»Du sollst den Herrn, deinen Gott, nicht versuchen!«
- Darauf führte ihn der Teufel mit sich
auf einen sehr hohen Berg
und zeigte ihm alle Reiche der Welt und ihre Herrlichkeit
und sprach zu ihm:
Das alles will ich dir geben,
wenn du niederfällst und mich anbetest.
Da sprach Jesus zu ihm: Weg mit dir, Satan!
Denn es steht geschrieben (Dt 6, 13):
»Du sollst anbeten den Herrn, deinen Gott,
und ihm allein dienen!«
- Da verließ ihn der Teufel.
Und siehe, da traten Engel zu ihm
und dienten ihm.

Liebe Schwestern und Brüder,
in einem Pfingstgedicht
von *Rudolf Alexander Schröder* heißt es:
»Wir wissen nicht, woher er weht,
der Wind, der aufsteht, wann er will;
doch spüren wir ihn je und je,
und unser Herz wird still«.

Ganz so still
ging es jedoch nicht zu,
als Jesus den Geist zu spüren bekam.
Am Jordan erst war dieser Geist herabgefahren,
wie eine Taube herabfliegt,
zusammen mit jener Himmelsstimme:
»Du bist mein geliebter Sohn,
an dem ich Wohlgefallen habe!«

Und dann war er geblieben, der Geist,
als Zeuge des göttlichen Wohlgefallens,
und hatte die Leitung des geliebten Sohnes übernommen.
Jesus, den Sohn Gottes, trieb der Geist in die Wüste,
direkt in die Arme des Versuchers.

Die Wüste,
nicht nur der Ort, an dem Gott zum Herzen redet,
so dass es still wird, wie im Pfingstlied,
sondern eben auch der Ort
für das Wort der Versuchung.
Wie in unserer Geschichte.

Viele Sprachen beherrscht der Versucher.
Wenn es sein muss,
redet er mit Menschen- und mit Engelszungen.
Und diesmal muss es sein.
Er weiß, wen er vor sich hat.

Deshalb ist sein Ansturm ein dreifacher.
Er gilt dem Schöpfergott,
dem Messias-Gott
und dem Geist-Gott.

Der teuflische Plan:
Erstens.
Die leere Wüste ist der rechte Ort für den Schöpfer:
»Bist du's, so sprich: Es werde!«
Zweitens.
Die heilige Stadt ist der ideale Platz für den Messias.
»Bist du's, so lass dich hier in deine Rolle hineinfallen!
Nicht ohne Netz und doppelten Boden:
die passende Bibelstelle ist unten schon ausgespannt!«
Drittens.

Der hohe Berg ist dem Geist angemessen:
»Bist du´s, so kannst du von hier aus
und von mir aus herrschen,
wenn du mich schön darum bittest!«

Ich muss zugeben:
Dumm hat sich der Versucher nicht angestellt,
sondern so, als wüsste er
»alle Geheimnisse und alle Erkenntnis
und hätte allen Glauben« –
eben alles,
was ein Engel des Lichts so zum Scheinen braucht.

Nur eins hat er nicht.
Aber der Sohn Gottes hat es
und besiegt ihn damit ganz mühelos.
Denn auf dieser Ebene
finden die teuflischen Angriffe gar keinen Anhaltspunkt.
Sie prallen ab.
Sie erzeugen höchstens Befremden.

Achten wir darauf,
wie Jesus dem dreifachen Angriff begegnet.
Ich höre ihn mit dem Teufel reden:

»Erstens.
Brot in der Wüste?
Das hat mein Vater schon gemacht,
und ich selbst werde bald
sieben Brote für 4000 Menschen teilen.
Aber bloß um Brot geht es hier doch gar nicht,
sondern um *mein* Lebensmittel.

Und das ist mehr,
nämlich das Wort,

das durch den Mund Gottes geht!
Für mich ist das ein ganz konkretes,
vor genau 40 Tagen erfahrenes Wort
bei der Taufe am Jordan:
>Du bist mein *geliebter* Sohn!<

Das zergeht auf der Zunge. Das sättigt.
Die Menschen singen zu recht:
>Nur die Liebe lässt uns leben!<
Aber davon hast du, Teufel, ja keine Ahnung.

Das Wort der Liebe,
das schafft Leben:
Alle Morgen neu,
auch am 41. Tag in der Wüste«.

»Zweitens.
Die Vorstellung in der Stadt?
Auch das wäre keine besondere Kunst.
Später werde ich von den Leuten
aus meiner Heimatstadt Nazareth
mit derselben bösen Absicht, wie du sie hast,
an den steilen Südhang geführt werden
und – o Wunder – mitten durch sie hindurch schreiten.
Aber jetzt? Nein!

Das Theater findet schon deshalb nicht statt,
weil du offenbar keine Vorstellung hast vom echten Wunder.
Ich meine das Wunder der Liebe.
Und da hat mein Vater nie gespart.
Ich brauche jetzt keine zusätzliche Bestätigung,
keine Reifeprüfung seiner Vaterliebe.«

»Drittens.
Die Herrschaft auf dem Berg?

Keine Frage des Könnens.
Später wird es tatsächlich auch ein Berg sein,
auf dem ich meinen Jüngern sagen werde:
>Mir ist gegeben alle Gewalt
im Himmel und auf Erden!<
Aber darum geht es mir nicht,
sondern:
Zum einen
ist jetzt nicht der Zeitpunkt,
nicht meiner und nicht der meines Vaters.
Aber dass Liebe etwas mit Gleichzeitigkeit zu tun hat,
ist dir natürlich fremd!

Zum andern
hast du überhaupt keine Ahnung,
was wirkliche Herrschaft bedeutet:
nicht Versklavung, wie du sie praktizierst,
sondern eine Vor-Herrschaft der Liebe.
Eine königliche Herrschaft, denn sie krönt jeden Dienst.

Und da hast du tatsächlich die Stirn zu verlangen,
ich solle dir dienen, dich anbeten?
Dienst und Anbetung ohne Liebe – das ist pure Lüge.
Schere dich, Teufel, halt´s Maul!

Du redest mit Menschen- und Engelszungen,
aber du hast die Liebe nicht.
Deshalb bist du mir nur
ein tönend Erz und eine klingende Schelle.

Schere dich, Teufel, halt´s Maul!
Auch wenn du weissagen kannst
und alle Geheimnisse und alle Erkenntnis
und allen Glauben hast,

so dass du Berge versetzt:
Du hast die Liebe nicht.
Deshalb
bist du für mich ein *Nichts*!«

»Da verließ ihn der Teufel,
und die Engel dienten ihm.«

Und vielleicht trugen sie in diesem Dienst
zum ersten Mal
jenes Gebet mit hinauf zum Vater im Himmel.
Das Gebet,
in dem der Sohn den Weg der Versuchung
- vom Brot in der Wüste
über die Vorstellung in der Stadt
bis hin zur Herrschaft auf dem Berg
- gleichsam wieder zurückgeht,
zurücklegt in die Vaterhand:
»Dein Reich komme!
Dein Wille geschehe, wie im Himmel, so auf Erden.
Unser tägliches Brot gib uns heute!«

Später
werden es seine Jünger lernen, das Gebet,
und bitten:
»Führe uns nicht in Versuchung!
Denn *unsere Liebe* ist klein!«

Amen.

SCHLUSSGEBET

Lieber Herr und Heiland,
wir danken dir,
dass wir so viel von dir lernen dürfen.
Lernen, wie allein die Liebe
die Prüfungen des Lebens bestehen lässt.
Wie allein die Liebe die rechte Widerrede findet
gegen die Einflüsterungen des Bösen.
So bitten wir um deine Nähe,
deinen Geist, deine Liebe.
Heute Abend und alle Morgen neu.

Vater unser im Himmel, geheiligt werde dein Name.
Dein Reich komme.
Dein Wille geschehe. Wie im Himmel, so auf Erden.
Unser tägliches Brot gib uns heute.
Und vergib uns unsere Schuld, wie auch wir vergeben unsern Schuldigern.
Und führe uns nicht in Versuchung, sondern erlöse uns von dem Bösen.
Denn dein ist das Reich und die Kraft und die Herrlichkeit in Ewigkeit.
Amen.

SCHLUSSLIED

»Vater unser im Himmel«
Wir singen vom Lied **Nr. 616 alle 3 Strophen**:

Vater unser im Himmel,
dir gehört unser Leben,
wir loben dich.

Jesus Christ, unser Retter,
dir gehört unser Leben,
wir loben dich.

Heilger Geist, unser Tröster,
dir gehört unser Leben,
wir loben dich.

Segen

Gehet nun hin in diese Nacht und in den morgigen Tag mit dem Segen, den der Herr auf sein Volk zu legen befohlen und verheißen hat:

Der Herr segne dich und behüte dich.
Der Herr lasse sein Angesicht leuchten über dir und sei dir gnädig.
Der Herr erhebe sein Angesicht auf dich und gebe dir Frieden.

Amen.

ABENDLICHE BESINNUNG AM 8.8.2015 - *Psalm 1*

BEGRÜSSUNG

Ein herzliches Willkommen Ihnen allen,
zu unserer abendlichen Besinnung.
Oder besser gesagt:
Herzlichen Glückwunsch Ihnen,
dass Sie sich etwas versprechen
vom Wort des lebendigen Gottes.

In diesem Wort suchen und finden wir
alles, was Sinn macht im Leben,
und zwar
in dieser und in der kommenden Welt.

VOTUM

Und so beginnen wir im Namen des Vaters und des Sohnes und des Heiligen Geistes.
Amen.
Unsere Hilfe steht im Namen des Herrn, der Himmel und Erde gemacht hat,
der Treue hält ewiglich und nicht preisgibt das Werk seiner Hände.

GEBET

Zu ihm, dem dreieinigen Gott, beten wir jetzt
und sprechen gemeinsam den Text einer Liedstrophe.
Im Gesangbuch die **Nr. 328, Strophe 2**:

Zieh mich, o Vater, zu dem Sohne,
damit dein Sohn mich wieder zieh zur dir;
dein Geist in meinem Herzen wohne
und meine Sinne und Verstand regier,
daß ich den Frieden Gottes schmeck und fühl
und dir darob im Herzen sing und spiel.

Herr, unser Gott,
wir bitten Dich
für dieses Beisammensein:
Gib uns allen ein Herz für dein Wort
und ein Wort für unser Herz.
Amen.

PSALM

Wir beten weiter und sprechen im Wechsel den **1. Psalm**,
im Gesangbuch die **Nr. 732**:

Wohl dem, der nicht wandelt im Rat der Gottlosen
noch tritt auf den Weg der Sünder
noch sitzt, wo die Spötter sitzen,
sondern hat Lust am Gesetz des Herrn
und sinnt über seinem Gesetz Tag und Nacht!
Der ist wie ein Baum, gepflanzt an den Wasserbächen,
der seine Frucht bringt zu seiner Zeit,
und seine Blätter verwelken nicht.
Und was er macht, das gerät wohl.
Aber so sind die Gottlosen nicht,
sondern wie Spreu, die der Wind verstreut.
Darum bestehen die Gottlosen nicht im Gericht
noch die Sünder in der Gemeinde der Gerechten.
Denn der Herr kennt den Weg der Gerechten,
aber der Gottlosen Weg vergeht.
Ehre sei dem Vater durch den Sohn im Heiligen Geist.
Wie im Anfang so auch jetzt und allezeit und in Ewigkeit.
Amen.

ANFANGSLIED

»Herr, dein Wort, die edle Gabe«
Vom Lied **Nr. 198** singen wir **beide Strophen**:

Herr, dein Wort, die edle Gabe,
diesen Schatz erhalte mir;
denn ich zieh es aller Habe
und dem größten Reichtum für.
Wenn dein Wort nicht mehr soll gelten,
worauf soll der Glaube ruhn?
Mir ist´s nicht um tausend Welten,
aber um dein Wort zu tun.

Halleluja, Ja und Amen!
Herr, du wollest auf mich sehn,
daß ich mög in deinem Namen
fest bei deinem Worte stehn.
Laß mich eifrig sein beflissen,
dir zu dienen früh und spat
und zugleich zu deinen Füßen
sitzen, wie Maria tat.

ANSPRACHE

Liebe Gäste,
liebe Schwestern und Brüder,
der größte Schatz, den wir anhäufen können,
ist die Liebe, die wir verschenken.
Die Kraft dazu bekommt der Mensch,
weil er sich geliebt weiß von dem,
»über den hinaus nichts Größeres zu denken ist«,
wie der Philosoph sagt,
nämlich: von Gott.
Geliebt.

Auch die Beziehung Jesu zu seinem Vater
ist eine Liebesgeschichte.
Er weiß sich geliebt,
wie die gestrige Versuchungsgeschichte gezeigt hat,
und deshalb pariert er spielend
die listigen Anschläge des Bösen.

Die Versuchung in der Wüste
verrät aber auch Jesu eigene Liebe zum Vater,
und die Liebe zum Wort des Vaters.
Denn Jesus widerspricht dem Teufel
mit dem Hinweis: es steht geschrieben.
Und er zitiert dabei
aus der Tora und dem Psalter,
d. h. aus dem Alten Testament,
der Bibel zur Zeit Jesu.

Von dieser Liebe zu Gottes Wort
spricht explizit nur ein einziger Psalm.
Dafür ist er der längste:
Der Psalm 119 hat 176 Verse!

Keine Angst,
den besprechen wir heute Abend nicht.
Wir nehmen einen kürzeren.
Der redet zwar nicht von der Liebe,
aber von der *Lust*
am Gotteswort.
Wir haben ihn bereits miteinander gebetet:
Psalm 1.

Sie dürfen ihn gern nochmals aufschlagen,
im Gesangbuch die Nr. 732.

Allerdings werde ich manches
in meiner eigenen Übersetzung wiedergeben.

Psalm 1
beginnt mit einem Glückwunsch:
»Wohl dem!«
d. h. »Glücklich der«
oder »Selig sind« –
wie Jesus dieses Wort in der Bergpredigt wiedergibt.
Also:
Wohl uns, die wir uns von diesem Wort
etwas versprechen!

Die Bibel
ist eine »Erfahrungsbibliothek«.
Erfahrungen,
gesammelt in unzähligen Generationen.
Erfahrungen mit Gott und der Welt,
mit Menschen und Mächten.

Und diese Erfahrungen
stehen uns gleichsam als Navi zur Verfügung
auf unserer Lebensreise:
auf einsamen Landstraßen ebenso
wie im Dschungel der Großstädte.

Glücklich,
wer sich auf solch ein Leitsystem verlassen kann,
völlig unabhängig von Funklöchern
oder Satelliten-Ausfällen!
Der hat's gut,
der verirrt sich *nicht*.

Wohl dem!
sagt unser Psalm.

Wer sich nicht verirrt,
ist einer,
der *nicht* mitgeht im Rat der Frevler
und den Weg der Sünder *nicht* betritt
und im Sitz der Spötter *nicht* sitzt!

Ja, der Psalmbeter will uns offenbar
vor schlechten Erfahrungen,
vor falschen Freunden warnen.
Nicht mitgehen, nicht dabeisitzen,
am besten gar nicht erst dazukommen,
ihren Weg nicht betreten.

Denn er endet in der Sackgasse,
gepflastert mit Frevel, Sünde und Spott.
Oder
mit Worten am Schluss des Psalms:
Der Weg der Frevler verliert sich.
Der Gottlosen Weg vergeht.

Ihr Lebensweg und sie selbst
hinterlassen jedenfalls
keinerlei Spuren.
Und gewiss keine Spuren der Liebe,
die *Albert Schweitzer* so wichtig waren!
Nein, sie verschwinden spurlos.
Ein Bild am Ende des Psalms zeigt uns, wie:
Sie sind wie Spreu, die der Wind verjagt!

Ich sehe ihn noch ganz plastisch vor mir:
den Bauern im syrischen Bergland.
Es war 1967, als ich ihn beobachtete,
wie er auf einem Hügel
sein Getreide worfelte.

Und der Wind aus der Wüste
trieb die Spreu
in riesigen Wolken vor sich her …

Spurlos verschwinden.
Das ist ein Schicksal,
dem wir gerne entgehen möchten.
Aber wie?
Hören wir auf unseren Psalm:
Anstatt gemeinsame Sache
mit den falschen Leuten zu machen,
ist gemeinsame Sache
mit dem Wort der Wahrheit angesagt.
Sich einlassen auf Gottes Wort.
Der Psalm nennt es Gesetz,
hebräisch: Tora, Weisung und Wegweisung.
Mit *Lust* darauf achten!

Mehr noch: Tag und Nacht davon reden,
wörtlich »murmeln«,
d. h. rezitieren, auswendig lernen, by heart,
damit es im Gedächtnis bleibt.
Denn der Hebräer denkt mit dem Herzen. –

Herzlich gerne,
mit *Lust* die Bibel lesen?
Wem kann man damit heute noch kommen?
Diese einmalige *Erfahrungsbibliothek*
kennenlernen und erforschen?
Wen könnte ich damit locken? –
Es gibt wohl zu viel Konkurrenz.

Anders der Künstler *Marc Chagall*.
Er sagte:

»Seit meiner frühesten Jugend
hat mich die Bibel gefesselt.
Die Bibel schien mir –
und scheint mir heute noch –
die reichste poetische Quelle
aller Zeiten zu sein!«

Dieser begnadete Maler hat es erkannt,
was für die ganze Bibel
und für unseren Psalm 1 gilt.

Mit Lust und Liebe geschrieben,
malt der Text uns Bilder vor Augen,
die Lust und Liebe wecken.
Lust und Liebe
zu einem ganz besonderen Leben
mit diesem Wort
und mit dem, der es uns zusagt.

Vom Ziel dieses besonderen Lebens redet der Psalm
in einem Vergleich,
mit einem Bild,
wie es auch auf dem Deckblatt »Wort für die Woche«
– das Sie gerne mitnehmen dürfen –
gemalt ist:
Einer, der Lust und Liebe zur Bibel hat,
der ist *wie* ein Baum,
gepflanzt an Wasserbächen,
der seine Frucht bringt
zu seiner Zeit,
und dessen Blätter nicht welken!
Bild eines prallen Lebens.
Und in der (nicht nur) orientalischen Hitze
ein Schattenspender für alle.

Und die Bild-*Interpretation*
folgt gleich im nächsten Satz:
Und alles, was er macht, gerät wohl,
auch wenn es länger dauert, als erwartet,
es gelingt.
Herzlichen Glückwunsch
zu einem solchen Leben!

Und wer sollte darauf nicht Lust haben?
Ein Leben unter Gottes Führung und Geleit,
zuverlässiger als jeder Navi?

Der letzte Psalmvers verrät uns,
warum unser Leben so sein kann.
»Denn«, so heißt es,
»der Herr kennt den Weg der Gerechten«.

Das hebräische Wort für »kennen«
meint mehr als bloßes Wissen.
Es meint er-kennen,
und zwar ein liebendes Erkennen, nämlich
einen ganz intimen Akt.
Wie wir es auf den ersten Blättern der Bibel lesen:
Und Adam *erkannte* sein Weib Eva
und die ward schwanger.

So ist unser Weg,
unser Lebensweg umfangen
von der verlässlichen Liebe Gottes.
Oder mit Worten von *Alfred Delp,*
die gerad hier und heute gelten:
»Gott umarmt uns
mit der Wirklichkeit!«
…

SCHLUSSGEBET

Du Schöpfer und Hüter unseres Lebens,
wir können dir nicht genug danken
für alle Liebe und Mühe,
die du dir mit uns machst.

So bitten wir dich:
Gib, dass deine Liebesmüh
an keinem von uns vergeblich ist!

Vater unser im Himmel, geheiligt werde dein Name.
Dein Reich komme.
Dein Wille geschehe. Wie im Himmel, so auf Erden.
Unser tägliches Brot gib uns heute.
Und vergib uns unsere Schuld, wie auch wir vergeben unsern Schuldigern.
Und führe uns nicht in Versuchung, sondern erlöse uns von dem Bösen.
Denn dein ist das Reich und die Kraft und die Herrlichkeit in Ewigkeit.
Amen.

SCHLUSSLIED

»Wohl denen, die da wandeln«
Wir singen vom Lied **Nr. 295 alle 4 Strophen**:

Wohl denen, die da wandeln
vor Gott in Heiligkeit,
nach seinem Worte handeln
und leben allezeit;
die recht von Herzen suchen Gott
und seine Zeugniss halten,
sind stets bei ihm in Gnad.

Von Herzensgrund ich spreche:
dir sei Dank allezeit,
weil du mich lehrst die Rechte
deiner Gerechtigkeit.
Die Gnad auch ferner mir gewähr;
ich will dein Rechte halten,
verlaß mich nimmermehr!

Mein Herz hängt treu und feste
an dem, was dein Wort lehrt.
Herr, tu bei mir das Beste,
sonst ich zuschanden werd.
Wenn du mich leitest, treuer Gott,
so kann ich richtig laufen
den Weg deiner Gebot.

Dein Wort, Herr, nicht vergehet,
es bleibet ewiglich,
so weit der Himmel gehet,
der stets beweget sich;
dein Wahrheit bleibt zu aller Zeit
gleichwie der Grund der Erden,
durch deine Hand bereit.

Segen

Gehet nun hin in diese Nacht und in den morgigen Tag mit dem Segen, den der Herr auf sein Volk zu legen befohlen und verheißen hat:

Der Herr segne dich und behüte dich.
Der Herr lasse sein Angesicht leuchten über dir und sei dir gnädig.
Der Herr erhebe sein Angesicht auf dich und gebe dir Frieden.

Amen.

ABENDLICHE BESINNUNG AM 9.8.2015 (ISRAELSONNTAG) - *1.Korinther 13, 1-8.13*

BEGRÜSSUNG

Herzlich willkommen, *liebe Gäste,*
Neuangereiste und »Altgediente«, zu unserer abendlichen Besinnung.

Wir feiern heute den Israelsonntag und halten fest im Gedächtnis,
dass wir das geschriebene und das fleischgewordene Wort Gottes,
in dem wir Leben und Sinn finden, diesem Volk Israel verdanken.

VOTUM

Und so beginnen wir im Namen des Vaters und des Sohnes und des Heiligen Geistes.
Amen.
Unsere Hilfe steht im Namen des Herrn, der Himmel und Erde gemacht hat,
der Treue hält ewiglich und nicht preisgibt das Werk seiner Hände.

GEBET

Zu ihm, dem dreieinigen Gott, beten wir jetzt
und sprechen gemeinsam den Text einer Liedstrophe.
Im Gesangbuch die **Nr. 328, Strophe 2**:

Zieh mich, o Vater, zu dem Sohne,
damit dein Sohn mich wieder zieh zur dir;
dein Geist in meinem Herzen wohne
und meine Sinne und Verstand regier,
daß ich den Frieden Gottes schmeck und fühl
und dir darob im Herzen sing und spiel.

Herr, unser Gott, wir danken dir,
dass dein Geist unsere Sinne und unseren Verstand regieren will.
Wir wollen uns diesem Geist öffnen, damit er uns in deine Arme treibt,
und wir deine Liebeswege verstehen.
Amen.

PSALM

Wir sprechen jetzt wieder *gemeinsam* einen ganz besonderen Psalm,
nämlich das Hohe Lied der Liebe, das der Apostel Paulus gedichtet hat,
der von sich sagte (Rö 1, 11): »Ich bin auch ein Israelit, vom Geschlecht Abrahams.«
Sie finden das Lied im Gesangbuch unter der **Nr. 894**:

Wenn ich mit Menschen- und mit Engelszungen redete
und hätte die Liebe nicht,
so wäre ich ein tönendes Erz und eine klingende Schelle.
Und wenn ich prophetisch reden könnte
und wüßte alle Geheimnisse und alle Erkenntnis
und hätte allen Glauben,
so daß ich Berge versetzten könnte,
und hätte die Liebe nicht, so wäre ich nichts.
Und wenn ich alle meine Habe den Armen gäbe
und ließe meinen Leib verbrennen,
und hätte die Liebe nicht, so wäre mir´s nichts nütze.

Die Liebe ist langmütig und freundlich,
die Liebe eifert nicht,
die Liebe treibt nicht Mutwillen,
sie bläht sich nicht auf,
sie verhält sich nicht ungehörig,
sie sucht nicht das Ihre,
sie läßt sich nicht erbittern,
sie rechnet das Böse nicht zu,
sie freut sich nicht über Ungerechtigkeit,
sie freut sich aber an der Wahrheit;
sie erträgt alles,
sie glaubt alles,
sie hofft alles,
sie duldet alles.
Die Liebe hört niemals auf.

Ehre sei dem Vater durch den Sohn im Heiligen Geist.
Wie im Anfang so auch jetzt und allezeit, und in Ewigkeit.
Amen.

Anfangslied

»Du mein Seele, singe«
Vom Paul-Gerhardt-Lied **Nr. 302** singen wir jetzt **die Strophen 1, 2 und 8**:

Du meine Seele, singe,
wohlauf und singe schön
dem, welchem alle Dinge
zu Dienst und Willen stehn.
Ich will den Herren droben
hier preisen auf der Erd;
ich will ihn herzlich loben,
solang ich leben werd.

Wohl dem, der einzig schauet
nach Jakobs Gott und Heil!
Wer dem sich anvertrauet,
der hat das beste Teil,
das höchste Gut erlesen,
den schönsten Schatz geliebt;
sein Herz und ganzes Wesen
bleibt ewig unbetrübt.

Ach ich bin viel zu wenig,
zu rühmen seinen Ruhm;
der Herr allein ist König,
ich eine welke Blum.
Jedoch weil ich gehöre
gen Zion in sein Zelt,
ist´s billig, daß ich mehre
sein Lob vor aller Welt.

ANSPRACHE

Liebe Gäste,
liebe Schwestern und Brüder,
bevor wir auf unserer allabendlichen Studienreise
den heutigen Gipfel besteigen,
schauen wir kurz zurück auf die Stationen am Weg.

- Die Geschichte vom reichen Kornbauern zeigte uns,
welchen unvergänglichen Schatz wir
in diesem Leben horten, d.h. verschenken können:
die Liebe.
- Im Hohenpriesterlichen Gebet Jesu wurde deutlich,
dass wir unendlich geliebt werden,
und aus dieser Gewissheit die Kraft gewinnen,
selber zu lieben.
- Die Versuchungsgeschichte Jesu
offenbarte uns die Liebe des Sohnes
zum Vater und zu dessen Wort.
- Mit Psalm 1 entdeckten wir das biblische Wort,
das mit Lust und Liebe
gehört und gelesen werden will.
Ein genialer Navi auf unserer Lebensreise.

Und jetzt geht's bergauf.
Nicht wahr,
mit zunehmendem Alter
werden hohe Berge anstrengender,
denn die Puste geht schneller aus.
Ebenso werden hohe Lieder anstrengender,
denn die Stimmbänder sind schlaffer geworden.

Wagen wir trotzdem den steilen Weg
zum Hohen Lied der Liebe!

Beschreiten wir wenigstens die ersten beiden Strophen,
die wir miteinander gesprochen haben
(wer es noch einmal aufschlagen möchte,
es ist die Nr. 894).
Vielleicht ist es Ihnen auch aufgefallen,
dass Paulus,
der ja ein Schriftgelehrter pharisäischer Prägung war,
ganz ähnlich argumentiert wie der Beter von Psalm 1.
Auch Paulus beginnt mit der Negation.
Er fragt sich:
Wie sähe eine Welt aus
ohne Liebe?

Wenn meine Konfirmanden
die 10 Gebote lernen mussten,
bat ich sie zuerst,
diese umzuformulieren:
anstatt »du sollst *nicht*«
ein »du *sollst*« zu schreiben.
Das hat ihnen riesigen Spaß gemacht.

Der hörte allerdings auf,
als ich sie fragte:
Wie sieht denn eine solche Welt aus,
in der eure neuen Gebote gelten?
Jedenfalls wollte kein einziger
freiwillig darin leben …

»Nur die Liebe lässt uns leben«
heißt es in einem alten Schlager,
einem weltlichen Lied,
zurecht.

Auch Paulus schrieb in 1. Kor 13
ein weltliches Lied.
Im ganzen Kapitel steht weder
der Name Gottes noch der Name Jesu.
Es geht allein um die Liebe.
Und wie!!

Paulus zeigt uns lauter Gipfel, lauter Tausender!
Mit Menschen- und Engelszungen reden,
das meint Zungenreden, Glossolalie,
war das Höchste für die Korinther,
die der griechischen Gnosis anhingen.
Eine Lehre, die den Menschen
zu immer höherer Entwicklung,
zu Höchstleistungen antreiben will.

Nein, sagt Paulus,
ohne Liebe
ist die faszinierendste Rede
keine Festmusik, sondern nur Krach.

Danach wendet sich Paulus an die eigene Zunft.
Die Höhenflüge der Seele:
prophetische Erleuchtung
und Berge versetzender Glaube,
das Ziel jeder steilen Theologenkarriere!

Nein, sagt Paulus,
ohne Liebe
ist der Pfarrer, der Professor, ein Nichts.

Als Letztes ist die diakonische Arbeit an der Reihe.
Sich aufopfern für andere – bis hin zur Selbstaufgabe!
Alles geben, das eigene Leben aufs Spiel setzen!
Wie bewundernswert!

Nein, sagt Paulus,
ohne Liebe
ist das alles
nichts nütze, nichts wert.

So rigoros ist dieses Liebeslied.
Will es uns entmutigen,
zu Nichtsein machen?
Sollen wir
glaubensvolle Predigten,
Theologien der Hoffnung,
diakonische Dienste
einfach sein lassen?

Ja, wenn da nicht
ein kleines Wörtchen wäre,
mit dem Paulus
solche Reaktionen ausschließt:
das Wörtchen ICH.

Damit
stellt er sich nämlich *selbst* in diesen Prozess.
Es heißt ja:
Wenn *ich* … , wenn *ich* … , wenn *ich* …
– das alles tun würde –
und hätte die Liebe nicht,
so wäre *ich* eine klingende Schelle,
so wäre *ich* nichts.,
so wäre *mir´s* nichts nütze.

Die Ich-Rede des Paulus verrät
seine Demut,
seine Liebe zu den Lesern in Korinth,

und ich möchte hinzufügen:
seine Liebe zur Liebe!

Ist es etwa nicht eine Liebeserklärung,
wenn wir unseren Partnern,
unseren Eltern, unseren Kindern
gelegentlich zuflüstern:
»Ach, wenn ich dich nicht hätte, … !«

So ist Paulus,
der Komponist des Hohen Liedes der Liebe
mit dieser Liebe auf Du und Du.
Er weiß, was sie mag
und – für das Zusammenleben ganz wichtig –,
er weiß, was sie *nicht* mag.

Deshalb überwiegen in seinen nächsten Sätzen
wieder die Negationen.
Es sind acht:

1.) Sie eifert nicht. –
    Alles Fanatische ist ihr fremd.
2.) Sie treibt nicht Mutwillen. –
    Sie lässt den Anderen nicht auflaufen.
3.) Sie bläht sich nicht auf. –
    Sie macht keine Show.
4.) Sie verhält sich nicht ungehörig. –
    Sie benützt niemanden.
5.) Sie sucht nicht das Ihre. –
    Sie verspricht sich nichts, spekuliert nicht.
6.) Sie lässt sich nicht erbittern. –
    Sie sammelt nicht ihre schlechten Erfahrungen.
7.) Sie rechnet das Böse nicht zu. –
    Sie zählt und rechnet überhaupt nicht.

8.) Sie freut sich nicht über Ungerechtigkeit. –
   Alle Schadenfreude ist ihr fremd.

Was ist, was will sie dann,
die Liebe?
Auch das verschweigt uns Paulus nicht.

1.) Sie ist langmütig. –
   Sie wird nicht so schnell mutlos, sondern hat einen langen Atem.
2.) Sie ist freundlich. –
   Vielleicht der Anfang einer wunderbaren Freundschaft?!
3.) Sie freut sich an der Wahrheit. –
   Mit ihr zusammen bildet sie geradezu ein Paar.
   Wie schon Bonhoeffer sagte: »Wahrheit ohne Liebe ist Lüge«.
4.) Sie erträgt alles. –
   Sie zerrt nichts ans Licht. Sie bleibt verschwiegen.
5.) Sie glaubt alles. –
   Sie ist gut-gläubig, scheut kein Risiko, keine Enttäuschung.
6.) Sie hofft alles. –
   Sie vertraut auf die Neuanfänge im Leben.
7.) Sie duldet alles. –
   Sie ist leidensfähig und hält allem stand.

Den acht Negationen stehen bis jetzt
nur sieben Positionen entgegen.
Wir erwarten zurecht noch eine.
Doch der nächste Satz sagt,
was die Liebe NICHT tut,
niemals tut.
Und trotzdem ist es ein positiver Satz.

8.) Die Liebe hört niemals auf. –
   Sie ist ewig.

Liebe Schwestern und Brüder,
und weil die Liebe ewig ist,
gehört sie beiden Welten an:
der diesseitigen und der jenseitigen.
Sie gilt also hier und dort –
als Schatz! Als einzigartiger Schatz.

Davon redet auch der Refrain,
der am Schluss des Hohenliedes in Vers 13 steht:
Nun aber
bleiben Glaube, Hoffnung, Liebe,
diese drei.
Aber die Liebe ist die größte unter ihnen.

Liebe die Größte.
Die andern werden kleiner,
ja verschwinden sogar.
Dann,
wenn der Glaube zum Schauen,
wenn die Hoffnung erfüllt wird,
dann bleibt allein die Liebe,
was sie ist.

Und weil die Liebe ewig ist,
gehört sie auch zu *dem* Ewigen.
Und Gott, der Ewige,
er *hat* sie nicht nur, die Liebe.
Er *ist* die Liebe.

Und deshalb
kommt die Liebe selbst ohne Gott
gar nicht aus.

Und deshalb
braucht der Mensch diesen Gott,
um wirklich lieben zu können.
Und deshalb ist die Liebe des Menschen
gottbedürftig.

Und deshalb
ist dieses paulinische, weltliche Liebeslied,
am Ende nun doch ein geistliches Lied,
das in unserer Seele
das Echo hervorrufen will:
…
»Ach, lieber Gott,
wenn ich dich nicht hätte!«

Amen.

GEBET

Wir beten:
»Ach, lieber Gott,
wenn *wir* dich nicht hätten!«

Vater unser im Himmel, geheiligt werde dein Name.
Dein Reich komme.
Dein Wille geschehe. Wie im Himmel, so auf Erden.
Unser tägliches Brot gib uns heute.
Und vergib uns unsere Schuld, wie auch wir vergeben unsern Schuldigern.
Und führe uns nicht in Versuchung, sondern erlöse uns von dem Bösen.
Denn dein ist das Reich und die Kraft und die Herrlichkeit in Ewigkeit.
Amen.

SCHLUSSLIED

»Freunde, dass der Mandelzweig wieder blüht und treibt«
Wir singen heute das Lied des jüdischen Religionsphilosophen *Schalom Ben-Chorin*,
das er 1942 geschrieben hat; Lied **Nr. 659 alle 4 Strophen**:

Freunde, daß der Mandelzweig
wieder blüht und treibt,
ist das nicht ein Fingerzeig,
daß die Liebe bleibt?

Daß das Leben nicht verging,
soviel Blut auch schreit,
achtet dieses nicht gering
in der trübsten Zeit.

Tausende zerstampft der Krieg,
eine Welt vergeht.
Doch des Lebens Blütensieg
leicht im Winde weht.

Freunde, daß der Mandelzweig
sich in Blüten wiegt,
bleibe uns ein Fingerzeig,
wie das Leben siegt.

Text: Schalom Ben-Chorin (nach Jer 1,11)
Melodie: Fritz Baltruweit
© (Text) 1942 SCM Hänssler, 71087 Holzgerlingen
© (Melodie) tvd-Verlag, Düsseldorf

SEGEN

Gehet nun hin in diese Nacht und in den morgigen Tag mit dem Segen,
den der Herr auf sein Volk zu legen befohlen und verheißen hat:

Der Herr segne dich und behüte dich.
Der Herr lasse sein Angesicht leuchten über dir und sei dir gnädig.
Der Herr erhebe sein Angesicht auf dich und gebe dir Frieden.

Amen.

ABENDLICHE BESINNUNG AM 10.8.2015 - *Markus 12, 28-34*

BEGRÜSSUNG

Herzlich willkommen, *liebe Gäste,*
zu unserer allabendlichen Besinnung,
wo wir nach dem Sinn fragen
und sinnvolle Antworten bekommen
vom Wort des lebendigen Gottes.

VOTUM

Und so beginnen wir im Namen des Vaters und des Sohnes und des Heiligen Geistes.
Amen.
Unsere Hilfe steht im Namen des Herrn, der Himmel und Erde gemacht hat,
der Treue hält ewiglich und nicht preisgibt das Werk seiner Hände.

GEBET

Zu ihm, dem dreieinigen Gott, beten wir jetzt
und sprechen gemeinsam den Text einer Liedstrophe.
Im Gesangbuch die **Nr. 328, Strophe 2**:

Zieh mich, o Vater, zu dem Sohne,
damit dein Sohn mich wieder zieh zur dir;
dein Geist in meinem Herzen wohne
und meine Sinne und Verstand regier,
daß ich den Frieden Gottes schmeck und fühl
und dir darob im Herzen sing und spiel.

Herr, unser Gott,
du Quelle des Lebens,
wir kommen zu dir,
weil wir viel von dir erwarten.
Von deinem Wort, das uns stärkt,

von deiner Liebe, die uns tröstet,
von deinem Sohn, der bei uns bleibt.
Amen.

Psalm

Wir sprechen jetzt im Wechsel den **1. Psalm**,
im Gesangbuch **Nr. 732**:

Wohl dem, der nicht wandelt im Rat der Gottlosen
noch tritt auf den Weg der Sünder
noch sitzt, wo die Spötter sitzen,
sondern hat Lust am Gesetz des Herrn
und sinnt über seinem Gesetz Tag und Nacht!

Der ist wie ein Baum, gepflanzt an den Wasserbächen,
der seine Frucht bringt zu seiner Zeit,
und seine Blätter verwelken nicht.
Und was er macht, das gerät wohl.

Aber so sind die Gottlosen nicht,
sondern wie Spreu, die der Wind verstreut.
Darum bestehen die Gottlosen nicht im Gericht
noch die Sünder in der Gemeinde der Gerechten.

Denn der Herr kennt den Weg der Gerechten,
aber der Gottlosen Weg vergeht.

Ehre sei dem Vater durch den Sohn im Heiligen Geist.
Wie im Anfang, so auch jetzt und alllezeit, und in Ewigkeit.
Amen.

ANFANGSLIED

»Vater unser im Himmel«
Wir singen vom Lied **Nr. 616 alle 3 Strophen**:

Vater unser im Himmel,
dir gehört unser Leben,
wir loben dich.

Jesus Christ, unser Retter,
dir gehört unser Leben,
wir loben dich.

Heilger Geist, unser Tröster,
dir gehört unser Leben,
wir loben dich.

ANSPRACHE

Liebe Gäste,
liebe Schwestern und Brüder,
das große Thema dieser Abende
und unseres Lebens überhaupt
ist die Liebe.

Wir haben gehört, dass sie ein ewiger Schatz ist,
das einzige, was wirklich bleibt,
hier auf Erden
und dort:
in jener Welt,
in der Gott, die ewige Liebe, regiert.

Selbst das Geheimnis der Trinität,
der Dreieinigkeit Gottes,
gründet im Geheimnis der Liebe.

Jesus, das fleischgewordene Liebeswort Gottes,
hat die Liebe gelebt.
Gelebte Liebe aber provoziert.
Sie steht immer auf dem Prüfstand.

Nicht nur bei der Versuchung durch Satan
in der Wüste.
Das Evangelium erzählt auch von **Menschen**,
die Jesus versuchen, prüfen,
ihm auf den Zahn fühlen.

Vor allem die Theologen jener Zeit,
die Schriftgelehrten.
Sie überlegen krampfhaft, wie sie ihn fangen können.
Am besten mit seinen eigenen Worten.

Einer von ihnen,
ein wirklich frommer Mann,
macht sich gerade besondere Gedanken,
kluge! …

»Ich frag Jesus einfach nach dem wichtigsten Gebot.
Wenn er eins von den 10 Geboten nennt,
hat er damit die anderen 9 disqualifiziert.
Wenn eins besonders gilt,
sind ja alle anderen nicht so wichtig.
Damit haben wir ihn!

Zudem wird sich Jesus
vielleicht ganz wichtig vorkommen,
wenn ich ihm als Gelehrter
ganz demütig eine Frage stelle …

Und sich selbst zu wichtig nehmen,
führt ja bekanntlich am schnellsten zum Fehltritt.
Ich bin jetzt richtig gespannt!«

Andere vor ihm
stellen bereits ihre Fragen.
Er muss noch warten.
Aufmerksam verfolgt er die Diskussionen.
»Jesu Antworten sind gar nicht so übel«,
denkt er,
»aber meine Frage wird auch viel schwieriger sein
als die vorigen!« …

Endlich kommt er an die Reihe.

In Markus 12 lesen wir:
Und es trat zu ihm einer von den Schriftgelehrten,
der ihnen zugehört hatte,
wie sie miteinander stritten.
Und als er sah, dass er ihnen gut geantwortet hatte,
frage er ihn:
»Welches ist das höchste Gebot von allen?«

… Gespannte Stille.

Jeder der Anwesenden memoriert schnell,
was er einst gelernt hat:
die 10 Gebote.
Doch bevor jemand bei Nr. 10 angekommen ist,
kommt sie schon, die Antwort Jesu.

Und die ist geradezu genial!
Geschickt umgeht er die erwartete Zehnerreihe
und zitiert das Alte Testament
ausgerechnet mit der Stelle,
die bis heute das Glaubensbekenntnis Israels ist.

Und ich höre Jesu Stimme,
so, wie sie regelmäßig in der Synagoge erklingt:

SCHEMA JISRAEL,
ADONAI ELOHENU,
ADONAI ÄCHAD.
Zu deutsch:
»Höre, Israel, der Herr, unser Gott,
ist der Herr allein.
Und du sollst den Herrn, deinen Gott, lieben
von ganzem Herzen, von ganzer Seele,
von ganzem Gemüt
und von allen deinen Kräften!«

Und – Jesus fährt fort
mit einem zweiten Gebot aus dem Alten Testament:
»Und du sollst deinen Nächsten lieben wie dich selbst.
Es ist kein anderes Gebot größer als diese beiden!«

… Wieder herrscht gespannte Stille.
Alle starren auf den Fragesteller.

Es dauert,
bis unser frommer Schriftgelehrte
seine Sprache wiederfindet.
Es fällt ihm zwar schwer,
aber es bleibt ihm nichts anderes übrig,
als Jesus zu loben. –

Und ich frage mich:
Ist das Jesus nicht peinlich?
Wer möchte schon gern von seinen Gegnern
gelobt werden?
Doch Jesus freut sich.
Die Liebe freut sich mit der Wahrheit – haben wir gehört.

Und dann spricht Jesus seinerseits
ein ganz besonderes Lob aus.

Er sagt zum Schriftgelehrten:
»Du bist nicht fern vom Reich Gottes!«
Das meint: Du bist ganz nah dran, an der Wahrheit.

… Wieder herrscht Stille.
Ein fast betretenes Schweigen.
Nein, damit hat ja keiner gerechnet!

Ich stelle mir vor,
wie sie alle, einer nach dem andern,
weggehen.

Der Evangelist Markus
überliefert als letzten Satz unserer Geschichte:
»Und niemand wagte mehr, ihn zu fragen«. –

Doch ich will es wagen,
nachzufragen.
Mir fällt da gleich eine Doppelfrage ein:
Wie kann man Liebe überhaupt gebieten,
sogar die Liebe zu Gott?
Und wie sieht diese denn aus?

Liebe Schwestern und Brüder,
auch den jüdischen Religionsphilosophen
Franz Rosenzweig hat diese Frage beschäftigt.
Nein, sagt er, *man* kann Liebe nicht gebieten.
Aber die Liebe selbst, sie kann es.
Und nur sie.
Ja, die Liebe kennt sogar nur einen einzigen Satz:
»Liebe mich!«
Denn Liebe ohne Gegenliebe geht ins Leere.
Sie braucht, um wirklich Liebe sein zu können,
ein liebendes Gegenüber.

Der Jude *Franz Rosenzweig*
redet ganz wie der Evangelist Johannes,
wenn er behauptet: Gott ist Liebe.
Und *Rosenzweig* folgert:
dieser Gott allein – als die Liebe selbst –
kann tatsächlich Liebe gebieten!

»Die Liebe ist langmütig,
die Liebe hört niemals auf«,
haben wir von *Paulus* gelernt.

Ja, der ewige Gott hat einen langen Atem.
Er wartet, bis wir endlich
in seinem Gebot »Liebe mich«
die Stimme der Liebe selbst wahr-nehmen.

Und die Frage heißt dann:
Glaube ich dem, der so zu mir redet,
dass er mich *wirklich* liebt,
und wirklich *mich* liebt?
Und *wenn* ich das glaube,
dann und erst *dann*
lasse ich mich auch lieben.
Und indem ich mich lieben lasse,
liebe ich ja wieder!

Welch eine Entlastung!
Diese Gebotserfüllung
ist also völlig unanstrengend!
Mich einfach von Gott lieben lassen,
das IST schon meine geforderte Liebe,
meine Gegenliebe?
Ja, unsere Liebe ist immer Gegenliebe
wie es im 1. Johannesbrief (4, 29) steht:

»Lasset uns ihn lieben,
denn er hat uns *zuerst* geliebt« –

Vielleicht haben Sie es – wie ich –
einst im Kindergarten schon gesungen:
»Drum sag ich´s noch einmal,
Gott ist die Liebe,
Gott ist die Liebe,
er liebt auch mich!«

Nicht wahr,
kleine Kinder nehmen die Liebe
ganz selbstverständlich an,
und allein ihr strahlendes Gesicht
verrät schon ihre Gegenliebe.
So,
in Wahrheit kinderleicht,
ist es, Gott zu lieben.

Dazu eine kurze jüdische Geschichte.
Es war einmal ein junger Hirte,
der die hebräischen Gebete nicht sprechen konnte.
Er hatte nur ein einziges, ganz persönliches Gebet,
das er täglich sprach.

Eines Tage kam ein Gelehrter zu ihm auf den Berg.
Er hörte den Hirten beten und sagte zu ihm:
»Du Narr, so darfst du nicht beten!«
Gerne ließ sich der Hirte belehren
und lernte von seinem Gast
das SCHEMA, das »Höre, Israel«,
und andere wichtige Gebete.

Doch als der Gelehrte gegangen war,
hatte der Hirt bald die neuen Gebete vergessen.
Doch er traute sich nicht, sein altes Gebet zu sprechen –
und betete gar nicht mehr.

Da hörte der Gelehrte
eines Nachts im Traum die Himmels-Stimme:
»Wenn du dem Hirten nicht sagst,
dass er sprechen soll wie er gewohnt war,
wird dich Böses treffen,
denn du hast mir einen geraubt,
der zur kommenden Welt gehört!«

Eilig stieg der Gelehrte wieder auf den Berg
und erzählte dem Hirten seinen Traum.
Der war ganz glücklich und betete *sofort* wieder,
so laut, wie er gewohnt war:
»Herr der Welt, wenn du Rinder hättest,
ich würde sie für dich umsonst hüten,
denn *ich liebe dich*!«

Amen.

Gebet

Herr, unser Gott,
hilf uns allen,
dass wir deine übergroße Liebe
endlich wahr-nehmen,
und uns wie Kinder in deine Vaterarme werfen –
zu Deinem und zu unserem Glück.

Vater unser im Himmel, geheiligt werde dein Name.
Dein Reich komme.
Dein Wille geschehe. Wie im Himmel, so auf Erden.
Unser tägliches Brot gib uns heute.
Und vergib uns unsere Schuld, wie auch wir vergeben unsern Schuldigern.
Und führe uns nicht in Versuchung, sondern erlöse uns von dem Bösen.
Denn dein ist das Reich und die Kraft und die Herrlichkeit in Ewigkeit.
Amen.

SCHLUSSLIED

Liebe einfach annehmen,
das können wir von Kindern lernen.
Deshalb singen wir jetzt auch ein Kinderlied.
Nr. 511 die Strophen 1 bis 3:

Weißt du, wie viel Sternlein stehen
an dem blauen Himmelszelt?
Weißt du, wie viel Wolken gehen
weithin über alle Welt?
Gott, der Herr, hat sie gezählet,
daß ihm auch nicht eines fehlet
an der ganzen großen Zahl,
an der ganzen großen Zahl.

Weißt du, wie viel Mücklein spielen
in der heißen Sonnenglut,
wie viel Fischlein auch sich kühlen
in der hellen Wasserflut?
Gott der Herr rief sie mit Namen,
daß sie all ins Leben kamen,
daß sie nun so fröhlich sind,
daß sie nun so fröhlich sind.

Weiß du, wie viel Kinder frühe
stehn aus ihrem Bettlein auf,
daß sie ohne Sorg und Mühe
fröhlich sind im Tageslauf?
Gott im Himmel hat an allen
seine Lust, sein Wohlgefallen;
kennt auch dich und hat dich lieb,
kennt auch dich und hat dich lieb.

Segen

Gehet nun hin in diese Nacht und in den morgigen Tag mit dem Segen, den der Herr auf sein Volk zu legen befohlen und verheißen hat:

Der Herr segne dich und behüte dich.
Der Herr lasse sein Angesicht leuchten über dir und sei dir gnädig.
Der Herr erhebe sein Angesicht auf dich und gebe dir Frieden.

Amen.

ABENDLICHE BESINNUNG AM 11.8.2015 - *Lukas 10, 25-37*

BEGRÜSSUNG

Ein herzliches Willkommen Ihnen allen.
Auch heute sind wir wieder unterwegs auf den Spuren der Liebe,
die uns im Buch der Bücher hinterlegt sind.
Gestern haben wir das Gebot der Liebe zu Gott als ein kinderleichtes Gebot entdeckt:
Gottes Liebe wahr-nehmen, uns von Gott lieben lassen,
das ist bereits unsere Gegenliebe.

Heute Abend beschäftigt uns das Gebot der Nächstenliebe.
Ist das auch kinderleicht?
Danach werden wir fragen.
Und zwar:

VOTUM

Im Namen des Vaters und des Sohnes und des Heiligen Geistes.
Amen.
Unsere Hilfe steht im Namen des Herrn, der Himmel und Erde gemacht hat,
der Treue hält ewiglich und nicht preisgibt das Werk seiner Hände.

GEBET

Zu ihm, dem dreieinigen Gott, beten wir jetzt
und sprechen gemeinsam den Text einer Liedstrophe.
Im Gesangbuch die **Nr. 328, Strophe 2**:

Zieh mich, o Vater, zu dem Sohne,
damit dein Sohn mich wieder zieh zur dir;
dein Geist in meinem Herzen wohne
und meine Sinne und Verstand regier,
daß ich den Frieden Gottes schmeck und fühl
und dir darob im Herzen sing und spiel.

Herr, unser Gott und Vater,
du bist unser Schöpfer.
Und wir kommen jetzt zu dir,
weil unser Leben kein Kinderspiel ist.
Oft macht es Freude zu leben,
aber öfter ist es nur anstrengend.
Deshalb suchen wir jetzt Ruhe bei dir
und neue Kräfte,
und danken dir,
denn du wirst uns nicht enttäuschen!
Amen.

PSALM

Wir beten weiter und sprechen im Wechsel **Psalm 102**,
im Gesangbuch die **Nr. 778**:

Herr, höre mein Gebet
und laß mein Schreien zu dir kommen!
Verbirg dein Antlitz nicht vor mir in der Not,
neige deine Ohren zu mir;
wenn ich dich anrufe, so erhöre mich bald!
Denn meine Tage sind vergangen wie ein Rauch,
und meine Gebeine sind verbrannt wie von Feuer.
Ich bin wie die Eule in der Einöde,
wie das Käuzchen in den Trümmern.
Ich wache und klage
wie ein einsamer Vogel auf dem Dache.
Meine Tage sind dahin wie ein Schatten,
und ich verdorre wie Gras.
Du aber, Herr, bleibst ewiglich
und dein Name für und für.

Du wollest dich aufmachen und über Zion erbarmen;
denn es ist Zeit, daß du ihm gnädig seist,
und die Stunde ist gekommen.

Denn er schaut von seiner heiligen Höhe,
der Herr sieht vom Himmel auf die Erde,

daß er das Seufzen der Gefangenen höre
und losmache die Kinder der Todes,

daß sie in Zion verkünden den Namen des Herrn
und sein Lob in Jerusalem,

wenn die Völker zusammenkommen
und die Königreiche, dem Herrn zu dienen.

Ehre sei dem Vater durch den Sohn im Heiligen Geist.
Wie im Anfang so auch jetzt und allezeit, und in Ewigkeit.
Amen.

ANFANGSLIED

»Von Gott will ich nicht lassen«
Vom Lied **Nr. 365** singen wir jetzt **die Strophen 1, 2 und 5**:

Von Gott will ich nicht lassen,
denn er läßt nicht von mir,
führt mich durch alle Straßen,
da ich sonst irrte sehr.
Er reicht mir seine Hand,
den Abend und den Morgen
tut er mich wohl versorgen,
wo ich auch sei im Land.

Wenn sich der Menschen Hulde
und Wohltat all verkehrt,
so find´t sich Gott gar balde,
sein Macht und Gnad bewährt.

Er hilft aus aller Not,
errett´ von Sünd und Schanden,
von Ketten und von Banden,
und wenn´s auch wär der Tod.

Lobt ihn mit Herz und Munde,
welchs er uns beides schenkt;
das ist ein sel'ge Stunde,
darin man sein gedenkt;
denn sonst verdirbt all Zeit,
die wir zubringn auf Erden.
Wir sollen selig werden
und bleibn in Ewigkeit.

ANSPRACHE

Liebe Gäste,
das Gebot der Nächstenliebe
gehört noch zu unserer gestrigen Geschichte aus Mk 12.
Jesus stellte es neben das Gebot der Liebe zu Gott.
Beide gehören zusammen,
sie sind miteinander jenes größte Gebot,
nach dem Jesus gefragt wurde.

Liebe zu Gott –
kinderleicht, haben wir festgestellt,
weil es darum geht,
Gottes übergroße Liebe wahr-zunehmen,
ihr Glauben zu schenken,
sie anzunehmen,
dem Liebeswort Gottes
unser Ja-Wort zu geben:

»Ja, ich habe verstanden, dass du mich liebst.
Ich nehme deine Liebe gerne an.

Ich lasse mich von dir lieben.
Und indem ich mich lieben lasse,
liebe ich ja wieder!
Meine Liebe zu dir ist ausschließlich
und selbstverständlich: Gegenliebe.
Schon kleine Kinder zeigen mir, wie das geht …
Aber die Nächstenliebe
finde ich nicht gerade kinderleicht.
Sie fällt mir oft richtig schwer!
Kannst du mir nicht dabei helfen?«

So oder so ähnlich
mögen unsere Gedanken zu Gott sein.
Und die heutige Geschichte aus Lukas 10
will darauf eingehen.

Auch hier kommt ein Schriftgelehrter
mit einer Frage zu Jesus.
Und ich kann mir gut vorstellen,
dass es derselbe Schriftgelehrte ist wie gestern,
zu dem Jesus am Ende gesagt hat:
»Du bist nicht fern vom Reich Gottes!«

Unter dem Reich Gottes
verstand jener Schriftgelehrte
vermutlich das Himmelreich –
dort, wo das ewige Leben zu Hause ist.
Deshalb fragt er noch einmal nach:
»Was muss ich tun, damit ich das ewige Leben ererbe?«

Jesus verweist ihn auf das Alte Testament
und antwortet mit einer Gegenfrage:
»Was steht im Gesetz geschrieben? Was liest du?«
Und ganz überraschend zitiert nun der Schriftgelehrte

jenes Doppelgebot der Liebe
aus dem 3. und 4. Buch Mose,
das Jesus erst gestern so zusammengefasst hat:
»Du sollst Gott lieben von ganzem Herzen
und deinen Nächsten wie dich selbst!«

Das Lob Jesu bleibt deshalb nicht aus:
»Du hast recht geantwortet. Tue das, so wirst du leben!«

Der Schriftgelehrte wäre kein Theologe,
wenn er sich damit zufrieden gäbe.
Er hakt nach:
»Wer ist denn mein Nächster?!«
Anders gefragt:
wen muss ich denn lieben?

Die Zuhörer,
die bei solchen Disputen immer dabei sind,
mögen schnell für sich aufgezählt haben,
was als Antwort in Frage käme:
meine Nächsten eben –
Vater, Mutter, Ehepartner, Kind,
Bruder, Schwester, Onkel, Tante,
Freunde, Kollegen …

Doch Jesus unterbricht ihre Gedanken
mit einer Geschichte:
»Es war ein Mensch,
der ging von Jerusalem hinab nach Jericho
und fiel unter die Räuber … «

Liebe Schwestern und Brüder,
Sie haben es sicher erraten,
das Gleichnis vom barmherzigen Samariter.
Allein das Wort »Samariter«

ist bis heute Inbegriff der Nächstenliebe.
Und unter den vielen biblischen Texten zur Liebe
ist diese Geschichte so etwas wie ein Hit.
Weltberühmt, einfach, leicht verständlich
und schnell nachgezeichnet.

Da liegt einer halbtot am Straßenrand.
Ein Priester kommt und – geht vorbei.
Ein Levit kommt und – geht weg.
Warum?
Weil sie sich vor ihrem Tempeldienst
nicht verunreinigen dürfen?
Nein, denn auch sie, so der Text,
gehen hinab,
d. h. von Jerusalem nach Jericho,
vom Dienst nach Hause.
Die Geistlichen also kommen und – gehen weiter.
Kaum zu fassen!!

Da liegt einer halbtot am Straßenrand.
Ein Samariter kommt und – ...
Die Spannung im Zuhörerkreis steigt.
Haben sie richtig gehört?
Ein Sa-ma-ri-ter?
Ein Fremder, ein Ungläubiger?
Einer, bei dem man sofort denkt:
Komme mir ja nicht zu nahe!?

Ob der Verwundete am Straßenrand genauso denkt?
Vielleicht kam auch er gerade vom Tempel,
und hat vielleicht unseren heutigen Psalm mitgebetet:
»Der Herr schaut vom Himmel,
dass er das Seufzen hört
und los macht die Kinder des Todes!«?

Wir wissen es nicht,
aber wir wissen, wie die Geschichte weitergeht.

Da liegt einer halbtot am Straßenrand.
Ein Samariter kommt und – sieht ihn,
es jammert ihn, er geht hin zu ihm,
gießt Öl und Wein auf seine Wunden,
verbindet sie,
hebt den Verletzten auf sein Tier,
bringt ihn in die Herberge,
pflegt ihn dort
und gibt vor seiner Weiterreise
dem Wirt genug Geld für das Nötige,
bis er wiederkomme.
Punkt.
Das ist die Geschichte.

Und wie gestern herrscht danach bei den Zuhörern
Schweigen und Nachdenklichkeit.
Denn diejenigen, die sich einlassen auf Jesu Geschichten,
werden selbst ein Teil davon
und kommen gerade so dem Erzählenden näher.

In welcher Figur der Geschichte
finden sie sich wieder, die Zuhörer?
Im Priester und Levit?
Nein, lieber nicht.
Im Samariter?
Dem Fremden, dem alles zuzutrauen wäre?
Wohl kaum.

Der einzige,
mit dem sich schon jedes Kind identifiziert,
ist das Opfer.

Da liegt einer halbtot am Straßenrand.
Er liegt –
aber er steht im Mittelpunkt der Geschichte.
Und Jesus hat das beabsichtigt.

Denn nun stellt er dem fragenden Schriftgelehrten
die entscheidende Gegenfrage:
»Wer von diesen dreien, meinst du,
ist der Nächste gewesen *dem*, der unter die Räuber fiel?«

Nicht wahr,
mit dieser Schlussfrage
stellt Jesus die Anfangsfrage des Schriftgelehrten
auf den Kopf.
Sie heißt eben nicht: Wer ist mein Nächster?
Wer kann mein Nächster sein?
Sondern:
Wem kann *ich* zum Nächsten werden?

Der Hilfsbedürftige steht im Mittelpunkt.
Er entscheidet,
wer für ihn ein Nächster geworden ist!

Und ich stelle mir vor,
wie der Verletzte zuhause davon erzählt:
»Wisst ihr,
ein Fremder, ein Samariter,
ist mir in meinem elenden Zustand
nahe gekommen.
Er wurde wirklich mein Nächster!
Er hat mich behandelt und versorgt,
auf seiner Rückreise wieder nach mir geschaut,
alles bezahlt und –
wir sind doch tatsächlich Freunde geworden:

Ich und der Fremde, ich und mein Nächster:
wir sind uns jetzt nahe.
Ja, ich mag ihn richtig!«

Und was wird wohl der Samariter zu Hause erzählt haben?
»Wisst ihr, ich komme deshalb so spät, weil einer halbtot am Straßenrand lag,
und ich einfach helfen musste. Ich habe ihn dann zur Herberge gebracht
und auf dem Rückweg nochmal vorbeigeschaut.
Ihr könnt euch nicht vorstellen,
wie sehr wir uns beide gefreut haben!
Ja, wir sind jetzt richtig gute Freunde! Ob ich Nächstenliebe geübt habe?
Ja, mag sein, aber vor allem habe ich Nächstenliebe *erfahren*.
Denn Liebe, das ist keine Einbahnstraße!«

Liebe Gäste,
wenn ich dem anderen wirklich zum Nächsten werde,
ist er die Hauptperson.
Nicht das *Objekt* meiner Liebe,
sondern das *Subjekt der* Liebe,
die ich von *ihm* erfahre.
Ich liebe,
indem ich mich lieben lasse –
das ist das Geheimnis der Liebe zu Gott
und das Geheimnis der Liebe zum Nächsten.

Und *ich* muss mich jetzt fragen:
Will ich für den andern
ein liebenswerter, liebenswürdiger Mensch sein?
Will ich es ihm dadurch leicht machen,
Nächstenliebe zu üben?

Jedenfalls hat der Samariter dem Verletzten
diese Chance gegeben.
Und der letzte Satz Jesu heißt:

»Gehe hin und tue desgleichen,
so wirst du leben!«
Leben,
wirklich leben,
zeitlich und ewig,
heißt lieben,
heißt der Liebe eine Chance geben.

Amen.

GEBET

Herr, unser Heiland,
du hast uns diese Geschichte erzählt,
damit wir die Liebe lernen,
damit wir das Leben lernen.
Du selbst
bist uns ja nahe gekommen
als Mensch und Bruder,
uns zu verbinden, zu heilen
und vom sicheren Tod zu erretten,
wie der Samariter.
Aber:
du selbst bist auch das leidende Opfer geworden am Kreuz,
damit wir dir nahe kommen
und unterm Kreuz deine Liebe wahr-nehmen,
uns von dir lieben lassen.
Wir danken dir für deine Rettung,
für dein Kreuz, für deine Liebe in Ewigkeit
und rufen gemeinsam,
wie du es uns gelehrt hast:

Vater unser im Himmel, geheiligt werde dein Name.
Dein Reich komme.

Dein Wille geschehe. Wie im Himmel, so auf Erden.
Unser tägliches Brot gib uns heute.
Und vergib uns unsere Schuld, wie auch wir vergeben unsern Schuldigern.
Und führe uns nicht in Versuchung, sondern erlöse uns von dem Bösen.
Denn dein ist das Reich und die Kraft und die Herrlichkeit in Ewigkeit.
Amen.

SCHLUSSLIED

»Lass die Wurzel unsers Handelns Liebe sein«
Wir singen vom Lied **Nr. 417 die beiden Strophen**:

Laß die Wurzel unsers Handelns Liebe sein,
senke sie in unser Wesen tief hinein.

Herr, laß alles, alles hier auf Erden
Liebe, Liebe werden!
Herr, laß alles, alles hier auf Erden
Liebe, Liebe werden!

Laß die Wurzel unsers Handelns Liebe sein,
dieser größten Gabe ist kein Dienst zu klein.

Herr, laß alles, alles hier auf Erden
Liebe, Liebe werden!
Herr, laß alles, alles hier auf Erden
Liebe, Liebe werden!

SEGEN

Gehet nun hin in diese Nacht und in den morgigen Tag mit dem Segen,
den der Herr auf sein Volk zu legen befohlen und verheißen hat:

Der Herr segne dich und behüte dich.
Der Herr lasse sein Angesicht leuchten über dir und sei dir gnädig.
Der Herr erhebe sein Angesicht auf dich und gebe dir Frieden.

Amen.

ABENDLICHE BESINNUNG AM 12.8.2015 - *Johannes 6, 1-15*

BEGRÜSSUNG

Ein herzliches Willkommen
zu unserer abendlichen Besinnung,
besonders den neu hinzugekommenen Gästen
und jenen, die uns bald verlassen müssen.

Seit einer guten Woche besinnen wir uns miteinander,
was unserem Erdenleben wirklich Sinn gibt,
und die Antwort heißt jedes Mal: die Liebe!
Ist das jetzt nicht genug?
Ja, es wäre genug, wenn wir nicht einen Gott hätten,
der selbst die Liebe *ist*.
Und so beginnen wir:

VOTUM

Im Namen des Vaters und des Sohnes und des Heiligen Geistes.
Amen.
Unsere Hilfe steht im Namen des Herrn, der Himmel und Erde gemacht hat,
der Treue hält ewiglich und nicht preisgibt das Werk seiner Hände.

GEBET

Zu ihm, dem dreieinigen Gott, beten wir gemeinsam
mit dem Text im Gesangbuch **Nr. 328, Strophe 2**:

Zieh mich, o Vater, zu dem Sohne,
damit dein Sohn mich wieder zieh zur dir;
dein Geist in meinem Herzen wohne
und meine Sinne und Verstand regier,
daß ich den Frieden Gottes schmeck und fühl
und dir darob im Herzen sing und spiel.

Lieber Gott und Vater,

wir danken dir,

dass du uns erschaffen hast – wie wir sind.

Du allein kennst uns.

Besser als wir uns selbst kennen.

Und so bitten wir dich jetzt:

Gib uns ein Herz für dein Wort

und ein Wort für unser Herz!

Amen.

PSALM

Wir beten weiter und sprechen im Wechsel **Psalm 145**, im Gesangbuch die **Nr. 793**:

Ich will dich erheben, mein Gott, du König,
und deinen Namen loben immer und ewiglich.
Der Herr ist groß und sehr zu loben,
und seine Größe ist unausforschlich.
Kindeskinder werden deine Werke preisen
und deine gewaltigen Taten verkündigen.
Gnädig und barmherzig ist der Herr,
geduldig und von großer Güte.
Dein Reich ist ein ewiges Reich,
und deine Herrschaft währet für und für.
Der Herr ist getreu in all seinen Worten
und gnädig in allen seinen Werken.
Der Herr hält alle, die da fallen,
und richtet alle auf, die niedergeschlagen sind.
Aller Augen warten auf dich,
und du gibst ihnen ihre Speise zur rechten Zeit.

Du tust deine Hand auf
und sättigst alles, was lebt, nach deinem Wohlgefallen.

Der Herr ist nahe allen, die ihn anrufen,
allen, die ihn ernstlich anrufen.

Er tut, was die Gottesfürchtigen begehren,
und hört ihr Schreien und hilft ihnen.

Ehre sei dem Vater durch den Sohn im Heiligen Geist.
Wie im Anfang so auch jetzt und allezeit, und in Ewigkeit.
Amen.

Anfangslied

»Nun preiset alle Gottes Barmherzigkeit«
Vom Lied **Nr. 502** singen wir **die Strophen 1 und 2**:

Nun preiset alle
Gottes Barmherzigkeit!
Lob ihn mit Schalle,
werteste Christenheit!
Er läßt dich freundlich zu sich laden;
freue dich, Israel, seiner Gnaden,
freue dich, Israel, seiner Gnaden!

Der Herr regieret
über die ganze Welt;
was sich nur rühret,
alles zu Fuß ihm fällt;
viel tausend Engel um ihn schweben,
Psalter und Harfe ihm Ehre geben,
Psalter und Harfe ihm Ehre geben.

ANSPRACHE

Liebe Gäste,
der größte Schatz,
den wir im Leben horten können,
den zu sammeln sich lohnt,
ist die Liebe.
Wir sammeln sie,
indem wir sie verschenken.
Die Kraft dazu bekommen wir,
weil wir uns selbst
in einmaliger Weise geliebt wissen –
von Gott, unserem Vater.

Jesus hat diese Liebe buchstäblich verkörpert.
Er ist unser Lehrmeister
in Sachen Liebe.
Solche Gedanken
haben uns die letzten Abende beschäftigt.
Habe ich jetzt nicht genug davon,
genug von der Liebe gehört?

Liebe Schwestern und Brüder,
Jesus war ein Lehrmeister,
ein echter Rabbi.
Und so einer hat viele Jahrhunderte nach ihm
gesagt:
»Wir beurteilen unsere Schüler
nicht nach den Antworten,
die sie geben,
sondern nach den Fragen, die sie stellen.«

Deshalb glaube ich,
auch Jesus würde von mir

eine bessere Frage erwarten.
Nicht: Habe ich genug gehört?,
sondern: Habe ich genug getan?
Genug geliebt?

Und während ich mir selbst die Antwort gebe:
Nein, ich habe noch *nicht* genug geliebt!,
nimmt mich Jesus mit
in seine eigene Geschichte,
hin auf einen Berg in Galiläa.

Und ich komme aus dem Staunen nicht heraus.
Es sind fünftausend Leute hier.
Alle haben dem großen Rabbi zugehört.
Jetzt sind sie hungrig.
Nichts zu essen da?
Doch,
ein Kind hat fünf Brote und zwei Fische.
Das ist wahrlich
nicht genug!

Doch Jesus nimmt dieses Wenige in die Hand,
dankt seinem himmlischen Vater,
teilt aus,
lässt austeilen,
und:
Alle werden satt.

Ich komme aus dem Staunen nicht heraus.
Auch die Jünger,
die den Rest einsammeln,
staunen:
Es ist tatsächlich mehr übrig als vorher da war !

Was Wunder,
wenn alle diesen Wundertäter
zum König,
zum "Brotkönig" machen wollen?
Sie sind sich ihrer Sache ganz gewiss:
Wir werden uns nichts Schlechtes einhandeln!

Leute
– wie *Philippus* mit seiner Kostenberechnung –
haben es schnell überschlagen:
Der Gewinn ist uns sicher!

Leute
– wie *Andreas* mit seiner realistischen Einschätzung:
»Was ist das unter so vielen?« –
erwachen plötzlich aus ihrer Resignation.
Auf, es lohnt sich!
Jesus hat genau das, was uns fehlt!
Er soll unser König sein!

Aber – wo ist er hin?
Er war doch eben noch da!
Hat ihn keiner gesehen? Wo steckt er bloß?
Ich verstehe das nicht.
Die Sonne ist längst untergegangen,
die Leute haben sich verlaufen,
da finde ich ihn endlich.
Allein auf dem Berg.

»Warum«, frage ich,
»warum läufst du davon,
jetzt, wo du endlich am Ziel wärst?
Jetzt, wo dich alle akzeptieren, entziehst du dich.
Ich versteh dich nicht!«

Es dauert eine ganze Nacht lang,
bis mir ein Licht aufgeht.
Ich lasse nicht locker.
Ja, er soll wenigstens *mein* König sein!
Und ich sage:
»Du, du hast genau das, was mir fehlt!«

»Nein«, antwortet Jesus,
»ich *bin*, was dir fehlt.
Ich bin das Leben,
das Brot, dein Lebensmittel!
Also sag: Was fehlt dir denn?«

»Ach Herr, was mir am meisten fehlt, ist die Zeit«,
bekenne ich leise.
»Dann komm mit,
sieh dir die Geschichte nochmal an«,
sagt Jesus,
»und lies deine Zeit hinein!«

Und ich sehe ihn wieder auf dem Berg stehen
und viele Leute auf ihn zukommen.
Er fragt mich:
»Wo nehmen wir die Zeit her für diese Menschen?«
Ich antworte:
»Auch wenn wir alle Termine verschieben,
reicht es für jeden nicht einmal eine Minute!«

Da mischt sich *Andreas* ein:
»Ein Kind ist da … «
– (natürlich, ein Kind!, denke ich) –
» … und das Kind hat genau fünf Stunden und zwei Minuten,
aber … was ist das unter so vielen?«

Doch Jesus
lässt die Leute sich setzen,
nimmt die Zeit in seine Hände,
dankt seinem himmlischen Vater
und teilt sie mit den Leuten – so viel sie wollen!

»Sammelt die übrige Zeit, damit nichts umkommt!«,
ruft er mir und Andreas zu.
Und wir sammeln.
Zwölf Stunden übrige Zeit!
Jeder von uns hat am Ende eine volle Stunde.
Übrig.

Ich staune.
Wie ist das möglich?
Und während ich mir mühsam
die Einstein´sche Relativitätstheorie in Erinnerung rufe
(die Zeit ist abhängig vom Ort.
Ist Jesus etwa der Ort der Welt, an dem sich alle Zeit relativiert?), …
während ich mir so mühsam den Kopf zerbreche,
lächelt Jesus.

»Es ist doch so einfach«, sagt er,
»und du weißt es längst.
Mit der Zeit ist es wie mit der Freude.
Geteilte Freude ist doppelte Freude,
geteilte Zeit ist doppelte Zeit.
Ich weiß es, denn
deine Zeit steht in meinen Händen.
Je mehr du verschenkst,
desto mehr hast du übrig.
Je mehr du für dich behältst,
desto weniger bleibt dir. –
Denn mit der Zeit ist es wie mit der Freude.«

Es dauert eine ganze Nacht lang,
bis mir ein Licht aufgeht.
Jesus lässt nicht locker.
Er, der sich weigerte, Brotkönig zu sein,
er will der König meines Herzens werden.
Ich spüre das und bekenne ihm:
»Weißt du,
was ich viel zu wenig habe, ist die Liebe!«

»Dann komm, sieh dir die Geschichte nochmal an«, sagt Jesus,
»und lies deine Liebe hinein … !«

Und ich sehe uns wieder auf dem Berg stehen
und viele Leute auf uns zukommen.
Jesus fragt mich:
»Wo nimmst du die Liebe her für diese Menschen?«
Ich antworte:
»Ich habe schon etwas übrig für sie.
Aber für alle reicht es nicht.
Ich suche mir ein paar Liebenswerte aus,
für die könnte es vielleicht reichen.«

Da mischt sich der andere Jünger ein:
»Ein Kind ist hier,
das Kind hat zwar ein kleines Herz,
aber es ist voller Liebe.
Trotzdem – was ist das unter so vielen?«

Doch Jesus
lässt die Leute sich setzen,
nimmt die Liebe dieses kleinen Herzens in die Hände,
dankt seinem himmlischen Vater,
und schenkt sie den Leuten –
so viel sie wollen.

»Sammelt, was übrig ist, damit nichts umkommt!«, ruft er uns zu.
Und wir sammeln:
zwölf Herzen voll überfließender Liebe.
Wir Jünger sehen uns an.
Zwölf? Das sind ja wir!
Das ist ja unsere Liebe!

Ich staune.
Wie ist das möglich?
Und während ich wieder mühsame Berechnungen anstelle
 – diesmal über die Ökonomie der Liebe – ,
lächelt Jesus.
»Es ist doch so einfach«, sagt er,
»und du weißt es längst.
Kennst du nicht die Pusteblumen?
So ist auch die Liebe
das einzige, das wächst, wenn man es verschwendet.«

Verschwendet?
Mir fallen Gespräche ein.
Wie oft hörte ich sagen:
»Du verschwendest deine Liebe,
du verschwendest deine Zeit
an diesen oder jenen … !«
War sie es wirklich – die Zeit – die Liebe –
war sie wirklich verschwendet??
Jesus lächelt immer noch.
Er weiß, ich beginne zu begreifen.

Die Nacht war lang.
Und der Morgen dämmert, als mir aufgeht,
dass mein Leben neu beginnen kann.
Ohne Angst, mich zu verausgaben.
Ohne Sorge, mich zu verschwenden.

»Ja, hab keine Angst!«, sagt Jesus,
»wann immer du meinst, dich zu geben,
werde ich es sein, der sich gibt.
Denn
ich bin die Liebe.
Ich bin das Leben.
Ich bin das Brot.
Wer zu mir kommt, den wird nicht hungern.
Der hat immer genug, immer noch übrig.
Und wer an mich glaubt,
den wir nimmermehr dürsten.
Dessen Durst nach Leben,
nach mehr Zeit,
nach mehr Liebe
wird gestillt!«

Da sprachen die Jünger zu ihm:
»Herr, gibt uns allezeit solches Brot!
Herr, wir brauchen dich!«

Amen.

GEBET

Ja, Herr,
auch wir brauchen dich,
denn du bist genau das,
was uns fehlt!

Vater unser im Himmel, geheiligt werde dein Name.
Dein Reich komme.
Dein Wille geschehe. Wie im Himmel, so auf Erden.
Unser tägliches Brot gib uns heute.
Und vergib uns unsere Schuld, wie auch wir vergeben unsern Schuldigern.

Und führe uns nicht in Versuchung, sondern erlöse uns von dem Bösen.
Denn dein ist das Reich und die Kraft und die Herrlichkeit in Ewigkeit.
Amen.

SCHLUSSLIED

Wir singen vom angefangenen Lied **Nr. 502**
die Strophen 3 und 4:

Wohlauf, ihr Heiden,
lasset das Trauern sein,
zur grünen Weiden
stellet euch willig ein;
da läßt er uns sein Wort verkünden,
machet uns ledig von allen Sünden,
machet uns ledig von allen Sünden.

Er gibet Speise
reichlich und überall,
nach Vaters Weise
sättigt er allzumal;
er schaffet frühn und späten Regen,
füllet uns alle mit seinem Segen,
füllet uns alle mit seinem Segen.

SEGEN

Gehet nun hin mit dem Segen,
den der Herr auf sein Volk zu legen befohlen und verheißen hat:

Der Herr segne dich und behüte dich.
Der Herr lasse sein Angesicht leuchten über dir und sei dir gnädig.
Der Herr erhebe sein Angesicht auf dich und gebe dir Frieden.

Amen.

ABENDLICHE BESINNUNG AM 13.8.2015 - *Psalm 63, 2-9*

BEGRÜSSUNG

Ein herzliches Grüßgott
zu unserer abendlichen Besinnung,
besonders den neu angereisten Gästen!
Wir besinnen uns jeden Abend
auf den kostbarsten Wert des Lebens – auf die Liebe.

Gestern hat uns die Geschichte von der Brotvermehrung
gesättigt entlassen.
Gesättigt mit Liebe.
Auch heute werden wir erfahren, was unsere Seele satt macht.
Und so beginnen wir:

VOTUM

Im Namen des Vaters und des Sohnes und des Heiligen Geistes.
Amen.
Unsere Hilfe steht im Namen des Herrn, der Himmel und Erde gemacht hat,
der Treue hält ewiglich und nicht preisgibt das Werk seiner Hände.

GEBET

Zu ihm, dem dreieinigen Gott, beten wir jetzt
und sprechen gemeinsam den Text einer Liedstrophe.
Im Gesangbuch die **Nr. 328, Strophe 2**:

Zieh mich, o Vater, zu dem Sohne,
damit dein Sohn mich wieder zieh zur dir;
dein Geist in meinem Herzen wohne
und meine Sinne und Verstand regier,
daß ich den Frieden Gottes schmeck und fühl
und dir darob im Herzen sing und spiel.

Herr, unser Gott!
Bereite du uns selbst den Aufenthalt
in Berges-Einsamkeit.
Begegne uns im dunklen Tannenwald
in deiner Herrlichkeit.

Wir sehnen uns nach dir, geliebter Herr,
nach einem Wort von dir.
Die schönste Schönheit lässt das Herz uns leer,
nach dir verlangen wir!
Amen.

PSALM

Wir beten weiter und sprechen im Wechsel Worte aus **Psalm 63**,
im Gesangbuch die **Nr. 762**:

Gott, du bist mein Gott, den ich suche.
Es dürstet meine Seele nach dir,
mein ganzer Mensch verlangt nach dir
aus trockenem, dürrem Land, wo kein Wasser ist.

So schaue ich aus nach dir in deinem Heiligtum,
wollte gerne sehen deine Macht und Herrlichkeit.
Denn deine Güte ist besser als Leben;
meine Lippen preisen dich.

So will ich dich loben mein Leben lang
und meine Hände in deinem Namen aufheben.
Das ist meines Herzens Freude und Wonne,
wenn ich dich mit fröhlichem Munde loben kann;

wenn ich mich zu Bette lege, so denke ich an dich,
wenn ich wach liege, sinne ich über dich nach.
Denn du bist mein Helfer,
und unter dem Schatten deiner Flügel frohlocke ich.

Meine Seele hängt an dir;
deine rechte Hand hält mich.

Ehre sei dem Vater durch den Sohn im Heiligen Geist.
Wie im Anfang so auch jetzt und allezeit und in Ewigkeit.
Amen.

ANFANGSLIED

»Nun laßt uns gehn und treten«
Vom Lied **Nr. 58** singen wir **die Strophen 1 und 6 bis 9:**

Nun laßt uns gehn und treten
mit Singen und mit Beten
zum Herrn, der unserm Leben
bis hierher Kraft gegeben.

Ach, Hüter unsres Lebens,
fürwahr, es ist vergebens
mit unserm Tun und Machen,
wo nicht dein Augen wachen.

Gelobt sei deine Treue,
die alle Morgen neue;
Lob sei den starken Händen,
die alles Herzleid wenden.

Laß ferner dich erbitten,
o Vater, und bleib mitten
in unserm Kreuz und Leiden
ein Brunnen unsrer Freuden.

Gib mir und allen denen,
die sich von Herzen sehnen
nach dir und deiner Hulde,
ein Herz, das sich gedulde.

ANSPRACHE

Liebe Schwestern und Brüder,
die Psalmen
singen die Melodie des Glaubens
im Rhythmus des täglichen Lebens.
Sie singen
laut und leise
von Lieb und Leid
in Lob und Klage.

Unser Psalm 63
singt vom Glauben
wie von einem Traum in der Wüste …
Auftakt und Schlussakkord,
Anfangsvers und Endvers
(die wir nicht gesprochen haben),
sind dem König gewidmet.

David in der Wüste,
der König auf der Flucht.
Auf der Flucht vor Feinden.
Deshalb flucht ihnen der Beter.
Aber er tut es in Gottes Ohr!

Während der König seines Gottes sich freue,
soll seinen Feinden der Mund gestopft werden!
Schweigen
ist angesagt all jenen Kräften,
die es aufnehmen wollen mit dem Glauben,
die rauben wollen, was ihm teuer.
Was aber ist dem Glauben
lieb und teuer?

Unser Psalm 63
singt vom Glauben
wie von einem Traum
in der Wüste des Lebens …
Es ist
der *Traum von der großen Liebe.*

Und so beginnt alles mit der Sehnsucht.
Ja, der Tag selbst beginnt nicht anders.
Denn die Sehnsucht ist eine Frühaufsteherin …

Ist doch auch unser Psalm
das wichtigste Morgengebet
in der syrischen Liturgie der Alten Kirche.
Schon damals hatte sie diesen Ruf,
die Sehnsucht, als Frühaufsteherin.

In der hebräischen Sprache
trägt sie sogar
das Gewand der Morgenröte …

Und diese Sehnsucht ist es,
die den Traum hinüberrettet
ins Leben,
den *Traum von der großen Liebe.*

Einer Liebe,
die sich einzig misst
an der Größe ihres Gegenstandes.

»*Gott*, meine *Gottheit*,
du *bist´s* – «
Inbegriff all dessen,
was ich vom Gottsein Gottes je gehört –
»*Gott*, meine *Gottheit*,
du *bist´s*, dich *ersehn´* ich!«

Der *Traum von der großen Liebe*
ist nichts anderes als
der Traum von der Größe des Geliebten:
der Traum vom Gottsein Gottes.
Ein Traum, der nicht allein geträumt werden kann.

Dazu gehört ein zweiter Traum:
der vom Menschsein des Menschen.

Und im Psalm trägt dieser Mensch
das Gewand der Erde:

»Es *dürstet* nach *dir* meine *Seele.*
Es *schmachtet* nach *dir* auch mein *Fleisch*
wie ein *Wüstenland, matt* ohne *Wasser.*«

Übertreibt sie, die Sehnsucht?
Ich glaube kaum.
Der Unterschied kann gar nicht groß genug ausgemalt werden.

Der Mensch – allein –
ist *wie* Erde ohne Wasser:
eine Wüstenlandschaft …
Doch *wie* ein Regen
der Wüste Juda
viele bunte Blumen entlocken kann,
so bringt für den Beter die Schau im Heiligtum
das Leben erst recht zur Blüte.

Es erfährt eine ungeahnte Steigerung,
es wächst über sich selbst hinaus …
Was aber könnte wohl an Wert das Leben selbst
übertreffen?
Fragen wir sie,
die federführend ist in unserem Psalm.
Fragen wir die Sehnsucht …

Ihr ist das Leben >der Güter höchstes< nicht.
Nein, die Sehnsucht sucht mehr.
Es heißt:
»Denn *besser* als das *Leben* deine *Liebe* ist.
Die *Lippen* mein, sie *preisen* dich!«

Die Sehnsucht,
die mehr sucht als das Leben,
sie findet gerade in der Liebe
die Erfüllung des Lebens.
»*So* mit meinem *Leben* ich dich *lobe*,
in dem *Namen* dein *erheb'* ich meine *Hände*!«
Natürlich!
Denn der Liebe liebstes Kind ist das Lob!

Damit aber ist der Dreiklang vollendet,
der die Harmonie des Psalms bestimmt:
die Sehnsucht sucht
die Liebe,
und die Liebe sucht
das Lob.

Dass dabei das Leben selbst
gewiss nicht zu kurz kommt,
zeigen die restlichen Psalmverse.

Liebe Liebende,
was dem Beter
gleichsam schlaflose Nächte bereitet,
sind gerade *nicht* die Sorgen,
die das sonst so großartig beherrschen,
sondern:
was ihn wachhält,
ist die Anziehungskraft des Geliebten.

»*Wie* an *Mark* und *Fett* meine *Seele* wird *satt*,
und mein *Mund* mit den *Lippen* des *Jubels* preist,
wenn auf dem *Lager* mein ich *gedenke* dein,
von dir *aufsage* in den *Nachtwachen*!«

Die Sehnsucht,
die bekannte Frühaufsteherin
im Mantel der Morgenröte,
sie kleidet sich hier
auch mit dem Dunkel der Nacht.

Wachen ist allezeit ihr Element.
>Sie schläft noch schlummert nicht!<
Eine schlafende Sehnsucht?
Nein, das wäre *wie* eine schlafende Gottheit, nämlich keine.

Und so ruft die Sehnsucht
mitten in der Nacht des Lebens
alle Gottesworte wach –
die Worte von Lob und Liebe –
und füllt sie mit ihren eigenen Erinnerungen:

»Denn *du* wurdest *mir* eine *Hilfe*,
im *Schatten* deiner *Flügel* kann ich *jubeln*.
Meine *Seele* hing *dir hintenan*,
mich hält *fest* deine *Rechte*!«

Gleichsam händchenhaltend
mit seinem Gott,
so der letzte Eindruck,
den wir vom Beter mitnehmen
und von seiner wachen Seele,
die so unermüdlich Gottesworte nachspricht –
und davon satt wird.

Liebe Gäste,
ist uns das Bild nicht viel zu exotisch und fremd?
Vielleicht,
weil unsere Sehnsucht längst eingeschlafen ist?
Vielleicht,
weil wir vergessen haben,
dass sie zum Glauben gehört *wie* zur Liebe … ?

Ezer Weizman, einst israelischer Staatspräsident,
hat es nicht vergessen, wie es damals
in seiner Rede vor dem deutschen Bundestag
zu hören war:
>Wir haben Türme der Sehnsucht gebaut …
Wir sind voller Sehnsucht, wir bitten und beten.<

Unser Psalm 63,
der vom Glauben singt
wie von einem Traum in der Wüste des Lebens,
nämlich
den *Traum von der großen Liebe*,
dieser Psalm
will unsre Sehnsucht nach Gott wachrütteln,
damit auch wir
bitten und beten.

Denn Gottes Sehnsucht
nach mir und dir
ist viel größer als unsere nach ihm.

Gottes Sehnsucht,
sie ist hellwach,
gerade in den Nächten,
und sie will unsere Nächte weihen,
zu Weih-Nächten machen.

Denn an Weihnachten war sie es doch,
die Sehnsucht,
die unseren *Traum von der großen Liebe*
hinübergerettet hat
ins wirkliche Leben:
in die Geburt
der fleischgewordenen Sehnsucht Gottes.

Seine Sehnsucht,
sein Liebeswerben
deckt uns täglich den Tisch
mit allem,
was zu unserem Leben
not-wendig, Not wendend
ist.
Sie deckt uns den Tisch
auch mitten in der Nacht,
wo alles finster,
auch mitten in der Wüste,
wo alles öd und leer ist.

Und wenn wir wollen,
ist es kein Traum,
sondern Wirklichkeit:
»Schmecket und sehet,
wie freundlich der Herr ist«,
denn seine Sehnsucht nach euch
hat alles vorbereitet.
Alles, was eure Not wendet!

Amen.

GEBET

Herr, unser Gott,
wir danken dir,
dass du uns hier im Hause Schüle
so reichlich den Tisch deckst.
Nun bitten wir dich,
lass auch unsere Seele
nicht hungrig bleiben.
Sättige uns mit deiner Liebe.

Vater unser im Himmel, geheiligt werde dein Name.
Dein Reich komme.
Dein Wille geschehe. Wie im Himmel, so auf Erden.
Unser tägliches Brot gib uns heute.
Und vergib uns unsere Schuld, wie auch wir vergeben unsern Schuldigern.
Und führe uns nicht in Versuchung, sondern erlöse uns von dem Bösen.
Denn dein ist das Reich und die Kraft und die Herrlichkeit in Ewigkeit.
Amen.

SCHLUSSLIED

»Alles vergehet, Gott aber stehet«
Wir singen vom Lied **Nr. 449 die Strophen 8 und 10**:

Alles vergehet,
Gott aber stehet
ohn alles Wanken;
seine Gedanken,
sein Wort und Wille hat ewigen Grund.
Sein Heil und Gnaden,
die nehmen nicht Schaden,
heilen im Herzen
die tödlichen Schmerzen,
halten uns zeitlich und ewig gesund.

Willst du mir geben,
womit mein Leben
 ich kann ernähren,
so laß mich hören
allzeit im Herzen dies heilige Wort:
»Gott ist das Größte,
das Schönste und Beste,
Gott ist das Süßte
und Allergewißte,
aus allen Schätzen der edelste Hort.«

SEGEN

Gehet nun hin mit dem Segen,
den der Herr auf sein Volk zu legen befohlen und verheißen hat:

Der Herr segne dich und behüte dich.
Der Herr lasse sein Angesicht leuchten über dir und sei dir gnädig.
Der Herr erhebe sein Angesicht auf dich und gebe dir Frieden.

Amen.

Abendliche Besinnung am 15.8.2015 - *Johannes 20, 11-18*

BEGRÜSSUNG

Herzlich willkommen zu unserer
abendlichen Besinnung,
besonders den neu angekommenen Gästen
und denen, die uns schon wieder verlassen müssen.

Wir suchen Sinn in unserem Leben.
Wir fragen nach dem höchsten Wert in dieser Welt,
wir besinnen uns gemeinsam auf die Liebe.
Vorgestern hörten wir von der Sehnsucht des Menschen
nach Gott und von der Sehnsucht Gottes nach dem Menschen.
Denn alles beginnt mit der Sehnsucht,
wie *Nelly Sachs* formulierte.
Und erst recht beginnen so Liebesgeschichten.
Auch heute
werden wir uns die Sehnsucht anschauen,
und zwar beim Suchen.
Und wir tun dies:

VOTUM

Im Namen des Vaters und des Sohnes und des Heiligen Geistes.
Amen.
Unsere Hilfe steht im Namen des Herrn, der Himmel und Erde gemacht hat,
der Treue hält ewiglich und nicht preisgibt das Werk seiner Hände.

GEBET

Zu ihm, dem dreieinigen Gott, beten wir jetzt
und sprechen gemeinsam den Text einer Liedstrophe.
Im Gesangbuch die **Nr. 328, Strophe 2:**

Zieh mich, o Vater, zu dem Sohne,
damit dein Sohn mich wieder zieh zur dir;
dein Geist in meinem Herzen wohne
und meine Sinne und Verstand regier,
daß ich den Frieden Gottes schmeck und fühl
und dir darob im Herzen sing und spiel.

Herr, unser Gott,
deine Liebe, deine Sehnsucht, sucht uns Menschen,
wo immer wir uns befinden.
Wir sind jetzt hier.
Und wir warten darauf, dass du uns findest.
So lass auch unsere Sehnsucht damit anfangen,
dich zu suchen,
und lass sie damit enden,
dich gefunden zu haben.
Amen.

Psalm

Wir beten weiter und sprechen im Wechsel noch einmal den **Psalm 63**,
im Gesangbuch die **Nr. 762**:

Gott, du bist mein Gott, den ich suche.
Es dürstet meine Seele nach dir,

mein ganzer Mensch verlangt nach dir
aus trockenem, dürrem Land, wo kein Wasser ist.

So schaue ich aus nach dir in deinem Heiligtum,
wollte gerne sehen deine Macht und Herrlichkeit.

Denn deine Güte ist besser als Leben:
meine Lippen preisen dich.

So will ich dich loben mein Leben lang
und meine Hände in deinem Namen aufheben.

Das ist meines Herzens Freude und Wonne,
wenn ich dich mit fröhlichem Munde loben kann;

wenn ich mich zu Bette lege, so denke ich an dich,
wenn ich wach liege, sinne ich über dich nach.

Denn du bist mein Helfer,
und unter dem Schatten deiner Flügel frohlocke ich.

Meine Seele hängt an dir;
deine rechte Hand hält mich.

Ehre sei dem Vater durch den Sohn im Heiligen Geist.
Wie im Anfang so auch jetzt und allezeit und in Ewigkeit.
Amen.

ANFANGSLIED

»Such, wer da will, ein ander Ziel«
Vom Lied **Nr. 346** singen wir **die Strophen 1, 3 und 4**:

Such, wer da will, ein ander Ziel,
die Seligkeit zu finden;
mein Herz allein bedacht soll sein,
auf Christus sich zu gründen.
Sein Wort sind wahr, sein Werk sind klar,
sein heilger Mund hat Kraft und Grund,
all Feind zu überwinden.

Ach sucht doch den, laßt alles stehn,
die ihr das Heil begehret;
er ist der Herr, und keiner mehr,
der euch das Heil gewähret.
Sucht ihn all Stund von Herzensgrund,
sucht ihn allein; denn wohl wird sein
dem, der ihn herzlich ehret.

Meins Herzens Kron, mein Freudensonn
sollst du, Herr Jesu, bleiben;
laß mich doch nicht von deinem Licht
durch Eitelkeit vertreiben;
bleib du mein Preis, dein Wort mich speis,
bleib du mein Ehr, dein Wort mich lehr,
an dich stets fest zu glauben.

ANSPRACHE

Liebe Gäste,
nicht umsonst lieben Kinder das Versteckspiel.
Sie suchen gern,
sie finden gern.
Sie lassen sich gern suchen,
sie lassen sich gern finden.
Und wir Erwachsenen?

Also ich suche meistens Dinge,
die gerade nicht am Platz sind.
Und da tröstet mich auch kein Spruch wie:
»Wer Ordnung hält,
ist nur zu faul zum suchen«.

Kinder aber suchen – außer an Ostern –
am liebsten ihre Spielkameraden.
Und wir?
Sagen wir nicht oft von einem Pärchen:
»Die haben sich gesucht und gefunden!«?

Damit aber verraten wir,
dass Suchen und Finden in Wahrheit
zum Sprachschatz der Liebe gehört.

Einen solchen Sprachschatz
finden wir auch in der Bibel.
Besonders im Hohenlied Salomos.
Hier ist das Liebespaar
sogar ein Vorbild
für das Verhältnis zwischen Gott und seinem Volk.

In Kapitel 3 lesen wir,
dass es gerade die Sehnsucht der *Frau* ist,
die sich auf die Suche macht:

»*Jetzt* will ich *aufstehn* und *umhergehn* in der *Stadt*,
auf den *Straßen* und *Plätzen* will ich *suchen*
den, den so *liebt* meine *Seele*!«

Dort fragt die Geliebte die Wächter in der Stadt:
»Habt ihr *den*, den so *liebt* meine *Seele, gesehen*?«

Und der nächste Vers berichtet schon vom Erfolg:
»*Kaum* war vorbei ich an *ihnen*,
als ich auch schon *gefunden* hatte
den, den so *liebt* meine *Seele*!«

Und was ist die Konsequenz
des Gefunden-Habens?
Es heißt:
»Ich hielt ihn *fest*, ließ ihn *nicht* wieder *los*!«

Ein besseres Vorbild
für die Gottesliebe des Gottesvolkes
kann es gar nicht geben:
»Ich hielt ihn *fest*, ließ ihn *nicht* wieder *los*!«

Ob Israel dies wahrnimmt?
Ob wir es als Gemeinde wahr-nehmen?

Liebe Gott Suchende,

im Neuen Testament
gibt es eine ganz besondere Liebesgeschichte.
Auch hier macht sich eine Frau auf die Suche.
Maria Magdalena.
Über sie wurde schon viel spekuliert.
Dabei ist nicht entscheidend, *wie*,
sondern *dass* sie Jesus geliebt hat:
ihn, der einst von ihr, wie es heißt,
sieben Teufel ausgetrieben.
Ihre Geschichte am Ostermorgen steht in Joh 20:

Als erste, vor Sonnenaufgang, ist Maria am Grab.
Sie findet es leer.
Sie läuft schnell zurück
zu Petrus und zu dem Jünger,
den Jesus lieb hatte –
so wird in diesem Evangelium gern
von Johannes selbst gesprochen –,
und sie sagt mit Entsetzen:
»Sie haben ihn weggenommen!«

Die beiden Jünger eilen mit ihr zum Grab.
Sie finden darin nur die Leinentücher,
in die der Leichnam Jesu gewickelt war,
und – gehen wieder heim.
Maria Magdalena aber bleibt.

Sie weint.
Durch ihre Tränen hindurch
sieht sie in der Grabeshöhle zwei Engel stehen.
Die fragen:
»Frau, warum weinst du?«
Und Maria klagt:

»Sie haben meinen Herrn weggenommen,
und ich weiß nicht,
wo sie ihn hingelegt haben!«

Mitten in ihrer Klage
wendet sich Maria Magdalena um.
Durch ihre Tränen hindurch
sieht sie hinter sich einen Mann stehen.
Der fragt nicht nur:
»Frau, warum weinst du?«,
sondern auch:
»Wen suchst du?«

Und Maria sagt:
»Herr, hast du ihn weggetragen?
So sage mir,
wo hast du ihn hingelegt,
dann will ich ihn holen!«

Nicht wahr,
liebe Hausgemeinde,
die Liebe, die am Grabe weint,
weiß nur:
der geliebte Mensch ist weg.
»Ich weiß nicht, wo er ist.
Und ich will ihn wieder haben!«

Die Liebe
geht auf die Suche,
als ob es den Tod nicht gäbe!
Woher nimmt sie die Kraft?

»Liebe ist stark *wie* der Tod!«
So steht es im 8. Kapitel des Hohenliedes.
Was aber so *stark* ist wie der Tod,

wird von ihm gerade *nicht* besiegt …
und ist damit
stärker als der Tod.

Die Liebe.
Sie allein sprengt die Grenzen
zwischen Zeit und Ewigkeit.
Denn sie gehört zu beiden Welten:
zu dieser
und zu der kommenden.

Maria Magdalena
widerfährt nun eine besondere Offenbarung.
Ihre Augen sind zwar voller Tränen,
aber ihre Ohren sind ganz offen.

Nein, die Stimme hat sie nicht gleich erkannt.
Gottes Wort, Jesu Wort,
kommt ganz menschlich daher –
wie die Sprache eines Gärtners.

Doch was sie jetzt hört,
öffnet ihr das Herz.
Sie hört
ihren eigenen Namen:
»Maria!«

Das ist *wie* Musik in ihren Ohren.
Und in ihrem Inneren mag es mitklingen,
das Gotteswort aus Jesaja 43:
»Ich habe dich bei deinem Namen gerufen.
Du bist mein!«

– »Ja, gerade du bist gemeint!
Unverwechselbar. Maria!«
Das spricht die Liebe selbst.

Und die Antwort darauf
ist der Name des so Liebenden und Geliebten
aus Marias Mund:
»Rabbuni!«
Mein Meister, mein Rabbi, mein Lehrer!

– Der, der in meinem Leben das Sagen hat!
Der Geliebte, dem allein ich gefallen will!

Maria Magdalena,
Zeugin der Auferstehung,
sie bekommt jetzt als solche
einen Auftrag.
Gleichsam eine Rechtfertigung für die Frau
im Amt der Verkündigung:

»Gehe hin zu meinen Brüdern und sage ihnen:
Ich fahre auf zu meinem Vater und zu eurem Vater,
zu meinem Gott und zu eurem Gott!«

Und Maria geht und sagt es weiter:
»Hört,
unser Jesus lebt!
Sein Vater ist jetzt unser Vater,
sein Gott ist jetzt unser Gott!«

Liebe Schwestern und Brüder,
es war der erste Tag der Woche,
an dem diese Geschichte geschah,
die es uns so plastisch vor Augen stellt:
Allein Liebende sind gerufen,
die Liebe des Ewigen weiterzusagen,
gerade am ersten Tag der Woche,
am Sonntag.

Doch keine Angst!
Nicht nur Frauen wie Maria,
die Frau aus Magdala,
auch Männer wie Petrus sind berufen.

Petrus?
Ein ziemlich unzuverlässiger Geselle!
Hat er nicht dreimal Jesus verleugnet?

Ja, und dieser Petrus würde es jetzt verstehen,
wenn Jesus nichts mehr von ihm wissen wollte.
Oder wenn er fragen würde:
Warum nur
hast du das getan?

Doch Jesus überrascht ihn
mit einer ganz anderen Frage.
Und das steht nur ein Kapitel
nach der Geschichte mit Maria,
in Joh 21.

Jesus fragt: »Simon Petrus, hast du mich lieb?«
Petrus: »Ja, Herr, du weißt, dass ich dich lieb habe.«
Jesus: »Weide meine Schafe!«
D. h.: Sei der Hirte meiner Herde!

Doch damit ist das Gespräch noch nicht zu Ende.
Insgesamt dreimal dieselbe Frage,
dieselbe Antwort,
derselbe Auftrag.

Petrus versteht die Wiederholung.
Er kann auf drei zählen:
dreimal Verleugnung,
dreimal die Frage nach der Liebe.
Und seine Augen beginnen zu leuchten:

Nicht mein fragwürdiges Verhalten von gestern zählt.
Nein, sondern die Liebe.
Meine Liebe. Heute:
»Ja, Herr, du weißt alle Dinge,
du weißt, dass ich dich lieb habe!«

Amen.

GEBET

Lieber Herr und Heiland,
wir feiern morgen den ersten Tag der Woche,
den Tag deiner Auferstehung.
Öffne uns das Ohr für dein Wort.
Rufe uns mit Namen!
Sag uns ganz neu, dass wir Dein sind,
die wir in deinem Namen rufen:

Vater unser im Himmel, geheiligt werde dein Name.
Dein Reich komme.
Dein Wille geschehe. Wie im Himmel, so auf Erden.
Unser tägliches Brot gib uns heute.
Und vergib uns unsere Schuld, wie auch wir vergeben unsern Schuldigern.
Und führe uns nicht in Versuchung, sondern erlöse uns von dem Bösen.
Denn dein ist das Reich und die Kraft und die Herrlichkeit in Ewigkeit.
Amen.

SCHLUSSLIED

»Herr, mein Hirt, Brunn aller Freuden«
Wir singen vom *Paul-Gerhardt*-Lied **Nr. 370**
die Strophen 11 und 12:

Herr, mein Hirt, Brunn aller Freuden,
du bist mein, ich bin dein,
niemand kann uns scheiden.
Ich bin dein, weil du dein Leben
und dein Blut mir zugut
in den Tod gegeben;

du bist mein, weil ich dich fasse
und dich nicht, o mein Licht,
aus dem Herzen lasse.
Laß mich, laß mich hingelangen,
da du mich und ich dich
leiblich werd umfangen.

SEGEN

Gehet nun hin mit dem Segen,
den der Herr auf sein Volk zu legen befohlen und verheißen hat:

Der Herr segne dich und behüte dich.
Der Herr lasse sein Angesicht leuchten über dir und sei dir gnädig.
Der Herr erhebe sein Angesicht auf dich und gebe dir Frieden.

Amen.

ABENDLICHE BESINNUNG AM 16.8.2015 - *Exodus 3, 1-14*

BEGRÜSSUNG

Herzlich willkommen,
liebe Gäste,
zu unserer sonntag-abendlichen Besinnung.
Wir sind zusammengekommen,
damit wir miteinander
wieder zur Besinnung kommen
über Gott und die Welt nachdenken.

Unser Schöpfer,
der die Liebe selbst ist,
hat dieser Welt den höchsten Sinn
und bleibenden Wert eingepflanzt
im Geschenk der Liebe.
Deshalb geschieht unser Nachdenken:

VOTUM

Im Namen des Vaters und des Sohnes und des Heiligen Geistes.
Amen.
Unsere Hilfe steht im Namen des Herrn, der Himmel und Erde gemacht hat,
der Treue hält ewiglich und nicht preisgibt das Werk seiner Hände.

GEBET

Zu ihm, dem dreieinigen Gott, beten wir jetzt
und sprechen gemeinsam den Text,
im Gesangbuch die **Nr. 328, Strophe 2**:

Zieh mich, o Vater, zu dem Sohne,
damit dein Sohn mich wieder zieh zur dir;
dein Geist in meinem Herzen wohne

und meine Sinne und Verstand regier,
daß ich den Frieden Gottes schmeck und fühl
und dir darob im Herzen sing und spiel.

Herr der Welt
und Schöpfer unseres Lebens,
du hast uns deine Nähe zugesagt,
wo immer wir uns in deinem Namen versammeln.
So bitten wir dich:
Lass uns an diesem Abend
deine Nähe spüren,
damit unser Herz
zur Ruhe kommt.
Amen.

Psalm

Wir beten weiter und sprechen im Wechsel den **Psalm 71**,
im Gesangbuch die **Nr. 766**:

Herr, ich traue auf dich,
laß mich nimmermehr zuschanden werden.
Errette mich durch deine Gerechtigkeit und hilf mir heraus,
neige deine Ohren zu mir und hilf mir!
Sei mir ein starker Hort, zu dem ich immer fliehen kann,
der du zugesagt hast, mir zu helfen;
denn du bist meine Zuversicht, Herr, mein Gott,
meine Hoffnung von meiner Jugend an.
Verwirf mich nicht in meinem Alter,
verlaß mich nicht, wenn ich schwach werde.
Du lässest mich erfahren viele und große Angst
und tröstest mich wieder.

Meine Lippen und meine Seele, die du erlöst hast,
sollen fröhlich sein und dir lobsingen.

Ehre sei dem Vater durch den Sohn im Heiligen Geist.
Wie im Anfang so auch jetzt und allezeit und in Ewigkeit.
Amen.

ANFANGSLIED

»Abend ward, bald kommt die Nacht«
Vom Lied **Nr. 487** singen wir **die Strophen 1 bis 4**:

Abend ward, bald kommt die Nacht,
schlafen geht die Welt;
denn sie weiß, es ist die Wacht
über ihr bestellt.

Einer wacht und trägt allein
ihre Müh und Plag,
der läßt keinen einsam sein,
weder Nacht noch Tag.

Jesu Christ, mein Hort und Halt,
dein gedenk ich nun,
tu mit Bitten dir Gewalt:
Bleib bei meinem Ruhn.

Wenn dein Aug ob meinem wacht,
wenn dein Trost mir frommt,
weiß ich, daß auf gute Nacht
guter Morgen kommt.

ANSPRACHE

Liebe Gäste,
liebe Schwestern und Brüder!
Gestern Abend haben wir
zwei biblische Gestalten begleitet,
Zeugen der Auferstehung Jesu:
Maria Magdalena und Petrus.
Zwei schillernde Gestalten.

Sie war einst von 7 Teufeln besessen,
und *er* hat seinen Meister
im entscheidenden Augenblick verleugnet.
Beide keine Vorzeigemodelle.
Wahrlich, für den Himmel
ein recht fragwürdiges Bodenpersonal.

Ausgerechnet solche Menschen gebraucht Gott,
um sein Wort weiterzusagen!
Welche Auswahlkriterien
bestimmen denn seine Wahl?
Denn auch sein auserwähltes Volk
und auch seine Christenheit
sind bis heute wahrlich kein Vorzeigemodell.

Einst
stellten die Israeliten selbst die Frage:
Warum hat Gott uns denn erwählt?
Und Mose antwortete in 5. Mose 7 Vers 7:
»Nicht hat euch der Herr angenommen
und euch erwählt,
darum dass euer mehr wäre als alle Völker –
denn du bist das kleinste unter allen Völkern –,
sondern darum, dass er euch geliebt hat!«

Motor für Gottes Erwählung
ist also die Liebe!
Seine Wahl – eine Liebeswahl!
Und wir wundern uns nicht mehr,
dass Jesus,
als er den Petrus zum Hirten seiner Herde berief,
die Frage stellte:
Hast du mich lieb?

Geliebte und Liebende also
sind die Erwählten Gottes.
Die alles entscheidende Frage heißt nicht:
Hast du einen starken Glauben,
die entsprechende Ausbildung,
hast du Führungsqualität,
die nötige Flexibilität … ,
sondern ganz einfach:
Liebst du?

Paulus wird es später den Korinthern (1Kor 1, 26f)
so verdeutschen:
Nicht viel Weise, Gewaltige oder Edle sind berufen,
sondern was töricht ist vor der Welt,
das hat Gott erwählt …

Nicht diejenigen, die sich bis an die Spitze durchboxen,
sondern die, die auf der Strecke bleiben.
Nicht diejenigen, die "Hier" schreien,
wenn gehobene Posten vergeben werden,
sondern die andern, die es sich gar nicht zutrauen.

Die vor der Welt nichts gelten,
die übersehen werden,

auf sie trifft Gottes Wahl.
Was für ein Management!!

Liebe Gäste,
ich möchte Sie jetzt einladen
zu einer kleinen Ägyptenreise,
zu einer Zeitreise ins 13. und 12. Jahrhundert v. Chr.,
als die 19. Dynastie der Ramessiden herrschte.

Mose.
Prinz am Hof des Pharao.
In aller Weisheit der alten Welt unterwiesen.
Ein Mann also mit großer Zukunft!
Wenn ich Gott wäre,
würde ich ihn jetzt berufen.
Doch Gott wartet.
Er wartet lange.

Als Mose einen ägyptischen Aufseher erschlug,
weil der die Israeliten misshandelte,
musste er in die Wüste fliehen.
Am Brunnen einer Oase
traf er die Töchter eines midianitischen Priesters,
wurde in dessen Haus aufgenommen,
heiratete seine Tochter Zippora
und hütete die Schafe seines Schwiegervaters.
Am Rande der Wüste.
40 Jahre lang.

Was für eine Karriere!
Was für ein Abstieg!
Und ausgerechnet jetzt
scheint Gottes Zeit gekommen.

Ja, Gottes Augenmerk
richtet sich nicht auf die Senkrechtstarter,
sondern auf die, die am Rande sind.
Am Rand der Wüste,
am Rand ihrer Kräfte,
am Rand der Gesellschaft.
Solche Leute will er brauchen.
Leute wie Mose.

Auf einem Berg,
dem klassischen Weideplatz der Antike,
finden wir Mose wieder.
Die Nomaden nennen den Berg »Gottesberg«.

Neugierig nähert sich Mose
einem brennenden Dornbusch.
Warum verbrennt er nicht?
Moses Interesse ist geweckt.

Was erwartet er?
Bestimmt keine flammende Rede!
Doch genau das geschieht.
»Mose, Mose!« züngeln die Flammen.
»Hier bin ich«, sagt Mose spontan
und überlegt:
Wer ruft da meinen Namen?

Die Antwort kommt prompt:
»Ich bin der Gott Abrahams, Isaaks und Jakobs!«
Und Mose … ,
er verhüllt sein Angesicht.
Er ist jetzt nur noch Ohr.

Und Gott redet:
»Gehe hin, ich will dich zu Pharao senden,

dass du mein Volk, die Kinder Israel,
aus Ägypten führst!«

Moses Atem stockt.
Ägypten?
Längst vergessen und verdrängt.
Nun taucht es wieder auf in seiner Erinnerung:
groß und mächtig *wie* einst, und
zusammen mit seinem eigenen
unrühmlichen Abgang.
Und da soll er jetzt hin??

Nein, das geht wirklich nicht!
Und so sagt er:
»Wer bin ich,
dass ich zu Pharao gehen soll?«
Eine rhetorische Frage.
Will sagen: Ich bin ein Niemand!
Gott könnte jetzt antworten:
Du bist zwar Mose,
aus dem Wasser gezogen, wie dein Name sagt.
Aber
erzogen im pharaonischem Hofzeremoniell,
also bestens geeignet!

Doch die Antwort ist eine ganz andere.
Mose wird sie erst wirklich verstehen,
nachdem er den Namen des Gottes erfragt,
der so mit ihm redet.

Ja, Mose ist der einzige Mensch,
dem der Eigenname des Gottes Israels
offenbart wird:
ÄHEJÄH ASCHÄR ÄHEJÄH,

normalerweise übersetzt mit:
»Ich bin der ich bin«.
Doch der hebräische Text sagt viel mehr aus,
er meint ein dynamisches Sein, nämlich:
Ich werde für euch, für dich, da sein,
als der ich jeweils da sein werde!

Gottes Bereitsein *für* den Menschen,
für dich und mich,
das ist sein Geheimnis,
das ist sein Eigenname.

Später
wird der Hohepriester
am Tempel zu Jerusalem
nur einmal im Jahr,
am großen Versöhnungstag,
den Eigenname Gottes aussprechen: JAHWE!
Sonst wird er ersetzt mit ADONAI, Herr,
griechisch: KYRIOS.

Wie gesagt,
erst *nach* der Offenbarung des Gottesnamens
versteht Mose Gottes Antwort auf seine Frage
»Wer bin ich, dass ich zu Pharao gehen soll?«,
nämlich:
»Ich will mit dir sein« –
d. h. nicht *du* bist der große Macher,
sondern *ich* werde für dich handeln.
So also sieht das göttliche Berufungsprotokoll aus.

Wo immer wir
unseren eigenen Kräften und Erfahrungen
nicht trauen,

will uns dieser Gott Angst und Sorgen nehmen.
Hat er doch seinen Namen,
d. h. sein Dasein *für uns*, sein Mit-Sein,
im Leben Jesu Christi
anschaulich verwirklicht.

Am Ende vom Matthäus-Evangelium,
dem sprichwörtlichen »Matthäi am letzten«,
steht das Abschiedswort Jesu:
»Siehe, ich bin bei euch alle Tage
bis an der Welt Ende«.

Unter göttlicher Aufsicht und Führung
kann seither jeder von uns
seinen nächsten Schritt wagen,
wie groß oder klein,
wie bedeutend oder unbedeutend
er auch sein mag.
Denn für Gott ist nichts und niemand
zu groß oder gar zu klein.

Und wem von uns
die eigene Lebensaufgabe zu gering erscheint,
der nehme sich das Wort zu Herzen,
das einst *Rabbi Sussja* auf seinem Sterbebett
gesprochen hat:

»In der kommenden Welt
wird man mich nicht fragen:
Warum bist du nicht Moses gewesen?
Man wird mich fragen:
Warum bist du nicht Sussja gewesen?«

Amen.

SCHLUSSGEBET

Wir beten mit Worten von *Dietrich Bonhoeffer*:

»Wer bin ich?
Bin ich das wirklich, was andere von mir sagen?
Oder bin ich nur das, was ich selbst von mir weiß?
Unruhig, sehnsüchtig,
krank, wie ein Vogel im Käfig?
Ohnmächtig, müde und leer zum Beten?
Wer bin ich?
Einsames Fragen treibt mit mir Spott.
Wer ich auch bin.
Du kennst mich.
Dein bin ich, o Gott!«

Vater unser im Himmel, geheiligt werde dein Name.
Dein Reich komme.
Dein Wille geschehe. Wie im Himmel, so auf Erden.
Unser tägliches Brot gib uns heute.
Und vergib uns unsere Schuld, wie auch wir vergeben unsern Schuldigern.
Und führe uns nicht in Versuchung, sondern erlöse uns von dem Bösen.
Denn dein ist das Reich und die Kraft und die Herrlichkeit in Ewigkeit.
Amen.

SCHLUSSLIED

Meine Mutter hat oft gesagt: »Jeder Tag ist ein neues Leben.«
Im Lauf der Zeit begreift man solche Worte:
Also kann auch jeder Tag
der Anfang eines neuen Lebensjahres sein!

Deshalb singen wir jetzt das *Bonhoeffer*-Lied,
das gern zum Jahreswechsel gesungen wird:

»Von guten Mächten treu und still umgeben«
Lied Nr. 637, die Strophen 1, 2 und 6:

Von guten Mächten treu und still umgeben,
behütet und getröstet wunderbar,
so will ich diese Tage mit euch leben
und mit euch gehen in ein neues Jahr.

Von guten Mächten wunderbar geborgen,
erwarten wir getrost, was kommen mag.
Gott ist bei uns am Abend und am Morgen
und ganz gewiß an jedem neuen Tag.

Noch will das alte unsre Herzen quälen,
noch drückt uns böser Tage schwere Last.
Ach Herr, gib unsern aufgeschreckten Seelen
das Heil, für das du uns geschaffen hast.

Von guten Mächten wunderbar geborgen, ...

Wenn sich die Stille nun tief um uns breitet,
so laß uns hören jenen vollen Klang
der Welt, die unsichtbar sich um uns weitet
all deiner Kinder hohen Lobgesang.

Von guten Mächten wunderbar geborgen, ...

Segen

Gehet nun hin mit dem Segen,
den der Herr auf sein Volk zu legen befohlen und verheißen hat:

Der Herr segne dich und behüte dich.
Der Herr lasse sein Angesicht leuchten über dir und sei dir gnädig.
Der Herr erhebe sein Angesicht auf dich und gebe dir Frieden.

Amen.

ABENDLICHE BESINNUNG AM 17.8.2015 - *Hiob 1-2; 7, 21; 19, 25-27*

BEGRÜSSUNG

Herzlich willkommen,
liebe Gäste!
In unserer allabendlichen Besinnung
haben wir jetzt viel von der Liebe erfahren.
Von der unermüdlichen Liebe Gottes,
die uns nachgeht.
Uns sucht.
In uns die Gegenliebe erweckt.
Uns liebesfähig macht
zu Gottesliebe
und Nächstenliebe.

Heute
widmen wir uns dem großen *Aber*,
das viele Menschen beschäftigt.
Sie fragen sich:
Spricht die Rede vom lieben, gar vom liebenden Gott
dem Elend dieser Welt nicht Hohn?
Wir nehmen diese Frage ernst,
und zwar:

VOTUM

Im Namen des Vaters und des Sohnes und des Heiligen Geistes.
Amen.
Unsere Hilfe steht im Namen des Herrn, der Himmel und Erde gemacht hat,
der Treue hält ewiglich und nicht preisgibt das Werk seiner Hände.

GEBET

Zu ihm, dem dreieinigen Gott, beten wir jetzt
und sprechen gemeinsam unseren Text,
im Gesangbuch die **Nr. 328, Strophe 2**:

Zieh mich, o Vater, zu dem Sohne,
damit dein Sohn mich wieder zieh zur dir;
dein Geist in meinem Herzen wohne
und meine Sinne und Verstand regier,
daß ich den Frieden Gottes schmeck und fühl
und dir darob im Herzen sing und spiel.

Herr, unser Gott,
wir Menschen fragen nach dir.
Wir fragen *dich*.
Und wir wundern uns,
dass du dich von uns sogar in Frage stellen lässt.
Keine unserer Fragen ist dir peinlich.
Denn du *willst* gefragt werden.
Du willst *gefragt sein*.
Dafür danken wir!
Amen.

PSALM

Wir beten weiter und sprechen im Wechsel Worte aus dem **73. Psalm**,
im Gesangbuch die **Nr. 767**:

Dennoch bleibe ich stets an dir;
denn du hältst mich bei meiner rechten Hand,
du leitest mich nach deinem Rat
und nimmst mich am Ende mit Ehren an.
Wenn ich nur dich habe,
so frage ich nichts nach Himmel und Erde.

Wenn mir gleich Leib und Seele verschmachtet,
so bist du doch, Gott, allezeit meines Herzens Trost und mein Teil.

Aber das ist meine Freude, daß ich mich zu Gott halte
und meine Zuversicht setze auf Gott den Herrn,
daß ich verkündige all dein Tun.

Ehre sei dem Vater durch den Sohn im Heiligen Geist.
Wie im Anfang so auch jetzt und allezeit und in Ewigkeit.
Amen.

Anfangslied

Samuel Rodigast hat im Jahr 1674 seinem schwerkranken Freund
ein Lied gedichtet, das wir jetzt singen:
»Was Gott tut, das ist wohlgetan«
Lied **Nr. 372, die Strophen 1 bis 3**:

Was Gott tut, das ist wohlgetan,
es bleibt gerecht sein Wille;
wie er fängt seine Sachen an,
will ich ihm halten stille.
Er ist mein Gott,
der in der Not
mich wohl weiß zu erhalten;
drum laß ich ihn nur walten.

Was Gott tut, das ist wohlgetan,
er wird mich nicht betrügen;
er führet mich auf rechter Bahn;
so laß ich mir genügen
an seiner Huld
und hab Geduld,
er wird mein Unglück wenden,
es steht in seinen Händen.

Was Gott tut, das ist wohlgetan,
er wird mich wohl bedenken;
er als mein Arzt und Wundermann
wird mir nicht Gift einschenken
für Arzenei;
Gott ist getreu,
drum will ich auf ihn bauen
und seiner Güte trauen.

ANSPRACHE

Liebe Schwestern und Brüder,
das große *Dennoch* des Glaubens,
das wir mit Psalm 73 gebetet haben,
verbinden wir
mit Menschen in großer Anfechtung.
Mit Gestalten wie Hiob.

Allein der *Name*
Hiob.

Eine Chiffre für den unschuldig Leidenden.
Für die Nacht der Schmerzen.
Für extremes Leid.
Für schwerste Schicksalsschläge.
Für Hiobsbotschaften.

Der Name *Hiob* setzt Maßstäbe.
Die höchste Messlatte.
Für die Gerechtigkeit (Ez 14, 14),
für die Geduld (Jak 5, 11).
Und für das größte Unglück.
Mehr ist nicht zumutbar.
Oder doch?

Die Tragödie Hiobs endet nicht mit Hiob.
Das 20. Jahrhundert hat aus ihm
endgültig DEN Juden gemacht.

Die Bemerkung meiner Freundin Chava,
einer Holocaust-Überlebenden –
»Es möge dir nie was Schlimmeres widerfahren!«–
lässt meine Probleme schlagartig schrumpfen.
Nein, ich bin nicht Hiob.
Gott sei Dank.

Das *Buch* Hiob.
Eine Weisheitsschrift,
die Theologen und Philosophen
gleichermaßen herausfordert.
Dieses Buch
lässt seine etwa 1500 Jahre ältere Vorlage,
den sog. Sumerischen Hiob,
weit hinter sich zurück.
Die Hiobfigur
wird unter der Hand
der Weisen Israels
aus dem 5. vorchristlichen Jahrhundert
zum Modellfall der absoluten Frömmigkeit.
Einer Frömmigkeit
unabhängig vom Wohlergehen.

In den beiden ersten Kapiteln des Buches
erfahren wir von einer Himmelsszene.
Der Satan erscheint vor Gott.

Und als Gott selbst
Hiobs Frömmigkeit lobt,
widerspricht der Satan:

»Hiob dient dir doch nicht umsonst!
Du hast ihn mit allem gesegnet.
Es geht ihm wunderbar!
Da ist es leicht, fromm zu sein …
Aber
strecke mal deine Hand aus
und rühre an alles, was er hat!
Was gilt´s!
Er wird dir ins Angesicht absagen!«

Und Gott
lässt sich darauf ein.
Hiob verliert seine Herden
und alle seine Kinder
und sagt den berühmten Satz (Hi 1, 21):
»Der Herr hat´s gegeben,
der Herr hat´s genommen,
der Name des Herrn sei gelobt!«

Aber der Satan
gibt sich noch nicht zufrieden und sagt zu Gott:
»Taste ihn doch selbst an!
Seine eigene Haut ist ihm näher!
Was gilt´s!
Er wird dir ins Angesicht absagen!«

Und Gott lässt sich wieder darauf ein.
Hiob leidet unsäglich.
Als seine Frau ihm rät:
»Sage dich endlich los von Gott!«,
antwortet Hiob (Hi 2, 10):
»Haben wir Gutes empfangen von Gott,
und sollten das Böse nicht auch annehmen?«

Das erinnert mich an die absurde Tatsache,
dass sich kein Mensch im Glück fragt:
»Warum, Gott … ?«
Doch wen immer das Schicksal schwer getroffen,
dem kommt diese Frage schnell auf die Lippen:
»Warum, Gott … ?«

Anders Hiob:
» … und sollten das Böse nicht auch annehmen?«

Hiob, der Dulder,
der Geduldige.
Den die Freunde besuchen.
Mit ihm schweigen und trauern.
Mit ihm in der Asche sitzen.
Vorläufig.
Sieben Tage lang.

Danach widmet sich der Hauptteil des Buches
den Freundesreden.
Es kommt zum Streit.
Hiobs Freunde sind gebildet
in aller Weisheit des Ostens.

Zu dieser Bildung gehört das Wissen
vom sog. »Tun-Ergehen-Zusammenhang«.
Der meint, salopp gesprochen:
»Wie man in den Wald hin einschreit,
so hallt es heraus«.
Das meint:
wer Böses tut,
dem wird schließlich auch Böses widerfahren!

Deshalb unterstellen die Freunde dem Hiob,
er müsse schwer gesündigt haben,

eben weil er so schwer leidet.
Gott strafe ihn jetzt dafür!
Hiob aber wehrt sich dagegen.

Natürlich weiß er:
»Es gibt keinen sündlosen Menschen.
Auch ich habe gefehlt.
Aber ich kann beim besten Willen
keine Schuld in meinem Leben erkennen,
die ein so großes Unglück
rechtfertigen würde!«

Das ist Hiobs Dilemma.
Und er streitet.
Nicht nur mit seinen Freunden,
sondern auch mit Gott.
Mit SEINEM Gott.

Dass Hiob
ein *Liebhaber* Gottes ist
und gerade deshalb
so offen,
so unverschämt leidenschaftlich
mit ihm streitet,
zeigt besonders das 7. Kapitel.

Wie eine gekränkte Geliebte
droht er nach vielen Anklagen
mit einem Abschied für immer:
»Denn *jetzt* werd´ zum *Staub* ich mich *legen*.
Wirst du mich *suchen*, bin ich *weg*!« (Hi 7, 21).

Die *Gewissheit*
von Gottes Gegenwart im Totenreich,
wie im viel späteren 139. Psalm bezeugt,

ist Hiob noch nicht erschlossen.
Aber
er bereitet sie gleichsam vor:
Indem er seine Liebe
mit über die Schwelle führt.

Und seine *Gewissheit*:
»Herr, du wirst mich morgen bestimmt suchen.
Spätestens morgen,
lieber Gott, werde ich dir fehlen!«

Ja, Hiobs umstrittenes
und von den Freunden
in Frage gestelltes Gottesverhältnis
ist in Wahrheit ein Liebesverhältnis.
Trotz allem.
Hiob will diesen Gott,
der ihn so leiden lässt,
gerade *nicht* los sein.

Und das erinnert mich an die Rabbiner
im Warschauer Ghetto.
Die ganze Nacht lang
haben sie diskutiert,
wer Schuld daran sei,
dass sie hier um ihr Leben bangen müssen.
Ihr einstimmiges Urteil lautet:
»Der Allmächtige ist schuld«.
Und schon dämmert der Tag,
und der Älteste drängt zum Aufbruch:
»Kommt, wir gehen das Morgenlob beten!«

Auch Hiob
macht lieber seinen Gott verantwortlich

– was die beiden ersten Kapitel ja bestätigen –,
er klagt lieber Gott an,
als dass er von ihm ablässt.

Hiob stellt sich in Kapitel 14 sogar vor,
was Gott wohl tun würde,
wenn er, Hiob, tatsächlich sterben würde.
Dann würde Gott ihn vielleicht im Totenreich verstecken,
bis sein Zorn sich abkehrt
und er wieder an ihn, seinen Hiob denkt.
Und er sagt in Vers 15 zu Gott:
»Du *riefest*, und *ich*, ich wollte dir *antworten*.
Das *Werk* deiner *Hände* du *ersehntest*!«

Ein Wunsch Hiobs. Ein Irrealis.
Eine Utopie.
Als Anfang einer Entwicklung
des Glaubens in Israel
an ein Weiterleben nach dem Tod.
Wenn Gott Hiob im Totenreich verstecken
und von dort wieder rufen sollte,
müsste er auch Herr *dieses* Reiches sein.

Israels Umwelt
benötigte dafür besondere Unterwelt-Götter.
Doch Israel hat nur einen Gott.
Den des Lebens.
Den Schöpfergott.
Genau dieser wird hier auch angesprochen.
Am Ende: Gottes Sehnsucht.
Nach dem Werk seiner Hände.
Nach Hiob.

Und Hiob würde gern auf Gottes Ruf antworten,
aus dem Totenreich heraus:
»Hier bin ich!
Deine Suche ist zu Ende.
Deine Sehnsucht nach mir:
gestillt.«

Doch erst in Kapitel 19
mit dem berühmten
»Ich weiß, dass mein Erlöser lebt!« (Hi 19, 25)
durchbricht Hiobs Erkenntnis
die Schallmauer der alten Tradition,
dass mit dem Tod alles aus sei.

»Nein«, sagt Hiob.
»Im Tode.
Ohne mein Fleisch.
Werde ich Gott schauen.
Mit eigenen Augen.
Und ich kenne ihn.
Erkenne ihn wieder.
Er ist für mich kein Fremder,
sondern mein liebendes und geliebtes DU«.
Das ist Hiobs Evangelium,
Hiobs gute Botschaft an uns.

Das Ende des Buches Hiob erzählt
von der Wiederherstellung Hiobs,
von seinem irdischen Glück.

Zuvor aber
erfuhr er – als eigentliche Wiederherstellung –
die ganz persönliche Zuwendung seines Gottes.
Die Gottesreden,

Gottes Wort und Antwort an ihn persönlich
hat ihn gewürdigt,
hat ihn aufgerichtet,
ihm eine neue Sicht gegeben,
wie es heißt (Hi 42, 5):
»Ich hatte von dir mit den Ohren gehört,
aber nun hat mein Auge dich gesehen«!

Das erinnert mich an die krebskranke Frau,
Mutter von drei kleinen Kindern,
die nach einem Liedvers suchte
für ihre eigene Traueranzeige.
Und so war es wenige Wochen später
in der Tageszeitung zu lesen (EG 449, 1):
»Mein Haupt und Glieder, die lagen darnieder;
aber nun steh ich, bin munter und fröhlich,
schaue den Himmel mit meinem Gesicht!«

Amen.

Schlussgebet

Wir beten mit Worten von *Paul Gerhardt*:

Willst du mir geben,
womit mein Leben
ich kann ernähren,
so lass mich hören
allzeit im Herzen dies heilige Wort:
Gott ist das Größte,
das Schönste und Beste,
Gott ist das Süße und Allergewisste,
aus allen Schätzen der edelste Hort!

Vater unser im Himmel, geheiligt werde dein Name.
Dein Reich komme.
Dein Wille geschehe. Wie im Himmel, so auf Erden.
Unser tägliches Brot gib uns heute.
Und vergib uns unsere Schuld, wie auch wir vergeben unsern Schuldigern.
Und führe uns nicht in Versuchung, sondern erlöse uns von dem Bösen.
Denn dein ist das Reich und die Kraft und die Herrlichkeit in Ewigkeit.
Amen.

SCHLUSSLIED

Vom angefangenen Lied **Nr. 372**
singen wir **die Strophen 4 bis 6**:

Was Gott tut, das ist wohlgetan,
er ist mein Licht und Leben,
der mir nichts Böses gönnen kann;
ich will mich ihm ergeben
in Freud und Leid,
es kommt die Zeit,
da öffentlich erscheinet,
wie treulich er es meinet.

Was Gott tut, das ist wohlgetan;
muß ich den Kelch gleich schmecken,
der bitter ist nach meinem Wahn,
laß ich mich doch nicht schrecken,
weil doch zuletzt
ich werd ergötzt
mit süßem Trost im Herzen;
da weichen alle Schmerzen.

Was Gott tut, das ist wohlgetan,
dabei will ich verbleiben.
Es mag mich auf die rauhe Bahn
Not, Tod und Elend treiben,
so wird Gott mich
ganz väterlich
in seinen Armen halten;
drum laß ich ihn nur walten.

SEGEN

Gehet nun hin mit dem Segen,
den der Herr auf sein Volk zu legen befohlen und verheißen hat:

Der Herr segne dich und behüte dich.
Der Herr lasse sein Angesicht leuchten über dir und sei dir gnädig.
Der Herr erhebe sein Angesicht auf dich und gebe dir Frieden.

Amen.

ABENDLICHE BESINNUNG AM 18.8.2015 - *Jeremia 1, 4-8; 15, 10.16; 20, 7*

BEGRÜSSUNG

Herzlich willkommen, *liebe Gäste,*
zu unserer abendlichen Besinnung.
Wir denken gemeinsam darüber nach,
welchen Sinn wir unserem Leben geben,
und zwar bleibenden Sinn.
Und wir haben es
von den biblischen Zeugen erfahren:
Liebe ist der einzig bleibende Wert
in dieser und in jener Welt.
Denn der ewige Gott ist Liebe.
Zuletzt
haben wir dem großen ABER Rechnung getragen,
das viele Menschen beschleicht.
Wie passt das zusammen:
ein liebender Gott und das Leid der Welt?
Daran knüpfen wir heute an, und zwar:

VOTUM

Im Namen des Vaters und des Sohnes und des Heiligen Geistes.
Amen.
Unsere Hilfe steht im Namen des Herrn, der Himmel und Erde gemacht hat,
der Treue hält ewiglich und nicht preisgibt das Werk seiner Hände.

GEBET

Zu ihm, dem dreieinigen Gott, beten wir jetzt
und sprechen gemeinsam den Text,
im Gesangbuch die **Nr. 328, Strophe 2**:

Zieh mich, o Vater, zu dem Sohne,
damit dein Sohn mich wieder zieh zur dir;
dein Geist in meinem Herzen wohne
und meine Sinne und Verstand regier,
daß ich den Frieden Gottes schmeck und fühl
und dir darob im Herzen sing und spiel.

Herr, unser Gott,
wir danken dir, dass du uns dein Wort gegeben hast,
dein Ja-Wort zu jedem von uns.
So rühre nun unser Herz an,
dass auch wir Ja sagen zu dir,
zu deinem Willen, zu deinen Wegen.
Amen.

PSALM

Wir beten weiter und sprechen im Wechsel den **57. Psalm**,
im Gesangbuch die **Nr. 761**:

Sei mir gnädig, Gott, sei mir gnädig!
Denn auf dich traut meine Seele,

und unter dem Schatten deiner Flügel habe ich Zuflucht,
bis das Unglück vorübergehe.

Ich rufe zu Gott, dem Allerhöchsten,
zu Gott, der meine Sache zum guten Ende führt.

Er sende vom Himmel und helfe mir,
Gott sende seine Güte und Treue.

Verzehrende Flammen sind die Menschen
und ihre Zungen scharfe Schwerter.

Erhebe dich, Gott, über den Himmel
und deine Herrlichkeit über alle Welt!

Sie haben meinen Schritten ein Netz gestellt
und meine Seele gebeugt;

sie haben vor mir eine Grube gegraben –
und fallen doch selbst hinein.

Mein Herz ist bereit, Gott,
mein Herz ist bereit, daß ich singe und lobe.

Wach auf, meine Seele, wach auf, Psalter und Harfe,
ich will das Morgenrot wecken!

Herr, ich will dir danken unter den Völkern,
ich will dir lobsingen unter den Leuten.

Denn deine Güte reicht, so weit der Himmel ist,
und deine Wahrheit, so weit die Wolken gehen.

Erhebe dich, Gott, über den Himmel
und deine Herrlichkeit über alle Welt!

Ehre sei dem Vater durch den Sohn im Heiligen Geist.
Wie im Anfang so auch jetzt und allezeit und in Ewigkeit.
Amen.

ANFANGSLIED

»Stern, auf den ich schaue«
Wir singen Lied **Nr. 407, die Strophen 1 bis 3:**

Stern, auf den ich schaue,
Fels, auf dem ich steh,
Führer, dem ich traue,
Stab, an dem ich geh,
Brot, von dem ich lebe,
Quell an dem ich ruh,
Ziel, das ich erstrebe,
alles, Herr, bist du.

Ohne dich, wo käme
Kraft und Mut mir her?
Ohne dich, wer nähme
meine Bürde, wer?
Ohne dich, zerstieben
würden mir im Nu
Glauben, Hoffen, Lieben,
alles, Herr, bist du.

Drum so will ich wallen
meinen Pfad dahin,
bis die Glocken schallen
und daheim ich bin.
Dann mit neuem Klingen
jauchz ich froh dir zu:
nichts hab ich zu bringen,
alles, Herr, bist du!

ANSPRACHE

Liebe Gäste,
zwei großen biblischen Gestalten
sind wir schon begegnet:
Mose und *Hiob.*
Beide leiden.
Um Gottes willen!

Mit beiden Gestalten verwandt
ist die des Propheten *Jeremia.*
Er ist berufen *wie* Mose.
Er ist geplagt und in Gott verliebt
wie Hiob.

Jeremia,
ein Prophet aus priesterlichem Hause,

in den Palast geschickt,
vor Königen zu reden.
Weltgeschichte kommentieren.
Tagespolitik interpretieren.
Geschehen analysieren.
Zukunft prognostizieren.
Strategien entwerfen.
Unpopuläre Maßnahmen vorschlagen.
Sich ungefragt einmischen.
Anerkannten Autoritäten widersprechen.
Das Gegenteil behaupten.
Schwarzsehen. Anklagen. Drohen. Demonstrieren.
Bitten. Weinen. Verzweifeln. Schreien.
Den Untergang beschreiben.
Das Ende markieren.
Den Neuanfang verheißen.

All das hat Jeremia gemacht,
40 Jahre lang.
Die letzten 40 Jahre des Staates Juda.
Dessen Ende, im Jahr 587 v. Chr.,
ist mit der Zerstörung Jerusalems besiegelt.
Der letzte König *Zedekia*
wird mit der judäischen Oberschicht
nach Babylon deportiert.
Und der babylonische König *Nebukadnezar*
bestimmt zur Verwaltung des eroberten Gebietes den Judäer *Gedalja*.
Nach dessen Ermordung in Mizpa
flieht der Rest Judas nach Ägypten.
Gegen den Rat Jeremias.

Und gegen seinen Willen
muss Jeremia dorthin mitgehen,

wo sich seine Spur verliert:
unweit der Synagoge von Fustat, dem alten Kairo.

Eine dichtere und dunklere Zeitgeschichte
ist kaum denkbar.
Die finstere Zukunft aber
ist dem hellen prophetischen Auge bereits präsent.
Denn bevor das Unheil passiert,
ist Jeremia etwas passiert.
Das Wort Gottes.

Im Alltag oder im Gottesdienst?
Das kann überall passieren.
Das kann jedem passieren.
Jeremia berichtet selbst im 1. Kapitel:

Es *geschah* das Wort *JHWHs*
zu *mir* wie *folgt*:
Bevor ich dich *formte* im *Mutterleib*, ich dich *erkannte*,
bevor du *herausgingst* vom *Mutterschoß*, ich dich *weihte*,
als *Propheten* für die *Völker* ich dich *gab*! (Jer 1, 4f)

Die Kenntnis des Schöpfers von seinem Geschöpf
reicht weit hinter die embryonale Phase zurück.
Das Wesentliche mit Jeremia
passiert in einer dem Menschen
völlig unzugänglichen Weltzeit:
als liebendes Erkanntwerden von seinem Schöpfer.

Ein Liebesverhältnis also,
dem die Seele gar nicht entrinnen kann.
Jeremias Bekenntnis in Kapitel 20 (Vers 7) verrät dies.
Mit jedem Wort.

»Du hast mich verführt, JHWH,
und ich bin verführt.

Du hast mich vergewaltigt,
und ich bin bezwungen!«

Auch wenn es heutzutage nicht opportun scheint,
von Vergewaltigung zu reden,
so trifft doch dieser Tatbestand
genau die Ambivalenz
der prophetischen Existenz Jeremias.
Er ist auf Gedeih und Verderb
an seinen Gott gebunden.

Im Berufungsprotokoll
folgt nun, *wie* bei Mose,
Jeremias Einwand (Jer 1, 6):

Da *sprach* ich: *Ach, Herr, JHWH!*
Siehe, ich *weiß* nicht zu *reden*,
denn ein *Knabe* nur *bin* ich!

Eloquenz und Autorität
eignet offenbar nur selbsternannten Propheten.
Berufenen wird sie verliehen.
Auf Zeit.
Gerade so aber
bleiben sie gebunden an den Ewigen.
Im Gegensatz zu Berufspropheten
sind sie die wahren »Amateure«.
Liebhaber dieses Gottes
und dieses Gotteswortes.

Auch die Zurückweisung des Einwandes
geschieht *wie* bei Mose (Vers 7):
Sage *nicht*, ein *Knabe* nur *bin* ich!

Und Jeremia denkt: Doch,
sogar ein Waisenknabe.

Was die Liebe betrifft.
Und auch sonst.
»Ach, Herr! Ich kann nicht!
Vor Königen und Völkern,
vor Politikern und Parteien … «!

Gott unterbricht ihn (Vers 8):
Fürchte dich *nicht* vor *ihnen*,
denn mit *dir* bin ich *selbst*,
dich zu *retten*! Spruch *JHWHs*.

So wird die liebende Gegenwart Gottes
zur Brücke in die Zukunft des Propheten.

Liebe Schwestern und Brüder!

Die Zukunft des Propheten sieht nicht rosig aus.
Wie könnte sie auch in diesen dunklen Zeiten!
Die berühmten Konfessionen,
die Bekenntnisse Jeremias,
geben darüber Auskunft.
Erschreckende Auskunft.

Wir hören in Kapitel 15 (Vers 10) eine bittere Klage,
wie wir sie sonst nur bei Hiob finden.

Dort, in Hi 3, 11,
nach dem großen ergebenen Schweigen,
bricht es aus Hiob hervor:
»Warum?
Warum bin ich nicht gestorben
von Mutterleibe an?!«

Den gleichen Schrei der Verzweiflung
bei Jeremia muss ich Ihnen kurz in der Ursprache zumuten:
OI LI IMMI JELIDTINI
ISCH RIV!

»Wehe mir, meine Mutter,
dass du mich geboren hast,
einen Mann des Streites!«

Jeremia muss streiten.
Um Gottes willen!
Für seinen Gott.

Bei der Belagerung Jerusalems etwa
muss er dem König Zedekia raten,
sich den Babyloniern zu unterwerfen.
Doch die kriegstreibende Partei
ist stärker als der schwache König.

Jeremia
wird der Kollaboration verdächtigt
und ins Gefängnis gesteckt.
Mehr als einmal
hängt Jeremias Leben am seidenen Faden.
Seine Gegner werfen ihn in eine Schlammgrube.
Kurz bevor er allmählich versinkt,
wirft ihm der schwarze Kämmerer des Königs
heimlich ein Seil zu.

Erst die siegreichen Babylonier
beenden seinen jämmerlichen Zustand.
König Nebukadnezar wird es Jeremia freistellen,
mit nach Babel zu gehen
oder im Land zu bleiben.

Der Dichter *Franz Werfel*
hat in seinem Jeremia-Roman
»Höret die Stimme«
diese Szene wunderbar ausgestaltet.

Jeremia will nicht im Land bleiben,
sondern unbedingt
mit den Gefangenen nach Babel gehen.
Er, der sich so schonungslos
und so erfolglos
für die Bevölkerung Judas eingesetzt hat,
will jetzt seine Landsleute nicht im Stich lassen.
Es bricht ihm das Herz,
den elenden Flüchtlingsstrom
ganz ohne Beistand ziehen zu lassen.
Er streitet deshalb mit seinem Gott.

Schließlich willigt dieser ein:
»Gut, Jeremia, dann gehst du eben mit nach Babel.
Eigentlich … ,
eigentlich wollte *ich* ja mitgehen,
aber nun kehre *ich* um
und *du* darfst mit!«

Keine Frage, was daraufhin geschah!
Jeremia gibt nach.
Sein Gott wird gewiss
für die Exilanten in Babel besser Sorge tragen,
als *er* es je könnte!
Jeremia bleibt.
Schweren Herzens.

Aber nicht trostlos.
Bei allem,
was ihm noch widerfahren wird,
hält er daran fest *wie* an einem Rettungsseil:
an jenem Gebet, das er nach seiner gellenden Klage –
O LI IMMI JELIDTINI, ISCH RIV –
gebetet hat (Jer 15, 16):

»Dein Wort
ward meine Speise, sooft ich's empfing,
und dein Wort ist meines Herzens Freude und Trost;
denn ich bin ja nach deinem Namen genannt,
Herr, Gott Zebaoth!«

Amen.

GEBET

Wir beten mit Worten aus den Klageliedern Jeremias (Klgl 3, 22f):

Die Güte des Herrn ist's,
dass wir nicht gar aus sind,
seine Barmherzigkeit hat kein Ende,
sondern sie ist alle Morgen neu,
und deine Treue ist groß!

Vater unser im Himmel, geheiligt werde dein Name.
Dein Reich komme.
Dein Wille geschehe. Wie im Himmel, so auf Erden.
Unser tägliches Brot gib uns heute.
Und vergib uns unsere Schuld, wie auch wir vergeben unsern Schuldigern.
Und führe uns nicht in Versuchung, sondern erlöse uns von dem Bösen.
Denn dein ist das Reich und die Kraft und die Herrlichkeit in Ewigkeit.
Amen.

SCHLUSSLIED

»Herr, wir bitten: Komm und segne uns«
Vom **Lied Nr. 572**
singen wir **die Strophen 1, 3 und 4:**

Herr, wir bitten: Komm und segne uns,
lege auf uns deinen Frieden.
Segnend halte Hände über uns.
Rühr uns an mit deiner Kraft.

In die Nacht der Welt hast du uns gestellt,
deine Freude auszubreiten.
In der Traurigkeit, mitten in dem Leid,
laß uns deine Boten sein.

Herr, wir bitten: Komm und segne uns, …

In den Streit der Welt hast du uns gestellt,
deinen Frieden zu verkünden,
der nur dort beginnt, wo man, wie ein Kind,
deinem Wort Vertrauen schenkt.

Herr, wir bitten: Komm und segne uns, …

In das Leid der Welt hast du uns gestellt,
deine Liebe zu bezeugen.
Laß uns Gutes tun und nicht eher ruhn,
bis wir dich im Lichte sehn.

Herr, wir bitten: Komm und segne uns, …

Text & Melodie: Peter Strauch
© 1979 SCM Hänssler, 71087 Holzgerlingen

Segen

Gehet nun hin mit dem Segen,
den der Herr auf sein Volk zu legen befohlen und verheißen hat:

Der Herr segne dich und behüte dich.
Der Herr lasse sein Angesicht leuchten über dir und sei dir gnädig.
Der Herr erhebe sein Angesicht auf dich und gebe dir Frieden.

Amen.

ABENDLICHE BESINNUNG AM 19.8.2015 - *Psalm 22, 2-4.6.12.20*

BEGRÜSSUNG

Herzlich willkommen,
liebe Gäste,
zur abendlichen Besinnung.
Unser großes Thema:
Die Liebe.
Gottes ureigenstes Wesen.
Die große Sinnfülle
unseres kleinen Lebens.

An den letzten Abenden
haben wir drei berühmte Männer getroffen,
die trotz eigener Schwachheit
und leidvoller Erfahrungen
an ihrem Gott festgehalten haben,
an ihrem liebenden und geliebten Du.

Der ewige Gott:
Weggefährte von Mose, Hiob und Jeremia.
Alle drei haben ihre Zweifel und Klagen laut gerufen:
in Gottes Ohr.
Ihre Warum-Frage wurde nicht beantwortet.
Aber gestillt.
In Gottes Gegenwart.
Durch Gottes Gegenwart.

Heute fragen wir mit dem Psalmdichter
noch einmal:
Warum?
Und wir tun dies:

VOTUM

Im Namen des Vaters und des Sohnes und des Heiligen Geistes.
Amen.
Unsere Hilfe steht im Namen des Herrn, der Himmel und Erde gemacht hat,
der Treue hält ewiglich und nicht preisgibt das Werk seiner Hände.

GEBET

Zu ihm, dem dreieinigen Gott, beten wir jetzt
und sprechen gemeinsam unseren Text,
im Gesangbuch die **Nr. 328, Strophe 2**:

Zieh mich, o Vater, zu dem Sohne,
damit dein Sohn mich wieder zieh zur dir;
dein Geist in meinem Herzen wohne
und meine Sinne und Verstand regier,
daß ich den Frieden Gottes schmeck und fühl
und dir darob im Herzen sing und spiel.

Herr der Welt und Schöpfer unserer Herzen.
Vor dir sind wir *wie* ein offenes Buch.
Du allein kannst es entziffern –
gerade da, wo wir uns selbst nicht mehr verstehen.
Du allein kannst uns wirklich lesen – und mehr:
Du kannst auch hineinschreiben in unser Herz:
dein Wort.
Darum bitten wir dich!
Amen.

PSALM

Wir beten weiter und sprechen im Wechsel *die* Verse aus dem **22. Psalm**,
die wir anschließend betrachten, im Gesangbuch die **Nr. 737**:

Mein Gott, mein Gott, warum hast du mich verlassen?
Ich schreie, aber meine Hilfe ist fern.

Mein Gott, des Tages rufe ich, doch du gibst keine Antwort,
und des Nachts, doch finde ich keine Ruhe.

Du aber bist heilig,
der du thronst über den Lobgesängen Israels.

Zu dir schrien unsere Väter und wurden errettet.
Sie hofften auf dich und wurden nicht zuschanden.

Sei nicht ferne von mir, denn Angst ist nah;
denn es ist hier kein Helfer.

Aber du, Herr, sei nicht fern;
meine Stärke, eile, mir zu helfen!

Ehre sei dem Vater durch den Sohn im Heiligen Geist.
Wie im Anfang so auch jetzt und allezeit und in Ewigkeit.
Amen.

Anfangslied

Das einzige Lied im Gesangbuch, das mit *Warum* beginnt,
stammt von *Paul Gerhardt*:
»Warum sollt ich mich denn grämen«
Wir singen **Lied Nr. 370, die Strophen 1bis 4**:

Warum sollt ich mich denn grämen?
Hab ich doch Christus noch,
wer will mir den nehmen?
Wer will mir den Himmel rauben,
den mir schon Gottes Sohn
beigelegt im Glauben?

Nackend lag ich auf dem Boden,
da ich kam, da ich nahm
meinen ersten Odem;

nackend werd ich auch hinziehen,
wenn ich werd von der Erd
als ein Schatten fliehen.

Gut und Blut, Leib, Seel und Leben
ist nicht mein, Gott allein,
ist es, der´s gegeben.
Will er´s wieder zu sich kehren,
nehm er´s hin; ich will ihn
dennoch fröhlich ehren.

Schickt er mir ein Kreuz zu tragen,
dringt herein Angst und Pein,
sollt ich drum verzagen?
Der es schickt, der wird es wenden;
er weiß wohl, wie er soll
all mein Unglück enden.

ANSPRACHE

Liebe Schwestern und Brüder,
gestern habe ich Ihnen
Jeremias Klage in Hebräisch zugemutet.
Eine fremde Sprache?
Nein!

Fast jeder von uns
hat in seinem Wortschatz hebräische Vokabeln.
Angefangen bei Hallelu-Ja,
d. h. Lobet Jahwe, Lobet Gott!

Zum Halleluja hat *Martin Luther* einst bemerkt:
»Allein die Sünder
singen Hallelu-Ja, das ist: Lobet Gott.

Alle anderen singen
Hallelu-Nu, das ist: Lobet uns selbst!«

Der Psalm 22,
den wir jetzt betrachten,
beginnt im Urtext mit:
ELI, ELI, LAMA ASAPHTANI?

Wer von uns je einen Karfreitags-Gottesdienst besucht
oder eine Bach-Passion gehört hat,
kann diesen Vers fließend übersetzten:
V2a: »Mein Gott, mein Gott,
warum hast du mich verlassen?«

Der Psalmbeter,
eine Menschenseele am Abgrund.
Geselle derer,
die da sitzen in Finsternis und Schatten des Todes.
Mehr als von allen guten Geistern verlassen:
von Gott verlassen …
Stimmt das wirklich?
Oder kann das Gebet etwa
eine Brücke schlagen zum fernen Gott?
Die Wiederholung macht es jedenfalls dringlich:
Mein Gott, mein Gott,
warum hast *du* mich verlassen?
Warum *du*?

Das »*Mein* Gott« und das »*Du*«
verraten:
die beiden sind einander vertraut:
Gott und der Beter.
Man kennt sich.

Die deutsche Sprache unterscheidet da ganz fein
zwischen dem distanzierten Sie
und dem nahen Du.
Das Du ist Zeichen der Zuwendung,
der Zuneigung, der Zugehörigkeit.

Und genau das
erschwert die Lage des Beters.
Nicht wahr,
vom vertrauten Du verlassen zu werden,
ist das Schlimmste,
was einem Liebenden widerfahren kann.
Es ist jedes Mal ein kleiner Tod.
Ein Sitzen in Finsternis und Todesschatten
und ein Schrei:
Wer holt mich da heraus?

V2b: »Ich schreie, aber meine Hilfe ist fern!«

Hören wir genau hin:
Mein Gott, *mein* Gott,
und jetzt: *meine* Hilfe
ist *fern*.
Und die Seele schreit:
Ja, er könnte helfen.
Er allein.
Wenn er denn da wäre …

Aber er hört mich nicht,
er will mich nicht,
er hilft mir nicht.
Warum? Mein Gott!

Im Psalter, so sagte *Luther*,
»da siehest du allen Heiligen ins Herz.«

Heilige, das sind jene Sünder,
die es singen können, das Halleluja.
Damit loben sie den Heiligen.
Und nur deshalb sind sie heilig.

Psalm 22 ist dem *David* zugeschrieben.
David,
»der Mann nach dem Herzen Gottes«,
wie es im Samuelbuch heißt (1Sam 13, 14).
Wir kennen ihn.
Als Musiker, Psalmdichter und König
und,
ja, auch als Sünder.
Und so ein Heiliger singt
nicht nur sein Halleluja,
sondern genauso sein Klagelied
direkt in Gottes Ohr!
Wie weit entfernt er auch sei:

V3: »Mein Gott, des Tages rufe ich,
doch du gibst keine Antwort,
und des Nachts,
doch finde ich keine Ruhe.«

Die parallelen Aussagen der hebräischen Poesie
verstehen sich als ein Gleichheits-Zeichen:
Keine Antwort = (ist gleich) = keine Ruhe.
D. h., die Antwort Gottes – das wäre meine Ruhe.

Ja, allein das Wort Gottes
schafft so etwas *wie* Seelen-Ruhe.

Jesus
sagt im Matthäus-Evangelium (Mt 11, 28f):
»Kommet her zu mir alle,

die ihr mühselig und beladen seid, …
so werden ihr Ruhe finden für eure Seelen … «

Jesus,
der selbst Psalm 22 am Kreuz gebetet hat,
er wusste, was es heißt,
zum fernen Gott zu schreien
und die Hoffnung auf Antwort, auf Ruhe,
nicht aufzugeben.

V6: »Zu dir schrien unsere Väter und wurden errettet.
Sie hofften auf dich und wurden nicht zuschanden.«

Liebe Schwestern und Brüder,
wann immer sich unsere Seele anfühlt
wie eine gottverlassene Gegend,
tut es gut, sich zu erinnern.
An die Vorfahren im Glauben,
die damit ihr Leben lang
gut gefahren sind.
Leute wie Mose, wie Hiob, wie Jeremia.
Sie schrien.
Und das heißt nach unserem Psalm:
sie hofften!

Denn wer schreit,
hofft auf Antwort, auf Hilfe, auf Rettung.
Wer schreit,
glaubt, dass er ein Ohr findet.
Der Schrei gehört also
zum Glauben und zur Hoffnung.
Und der Schrei gehört zur Liebe, die Nähe braucht:
Wo bist du nur?

Mein Schreien, mein Beten
bezeugt also mein Gottesverhältnis.
Genauso
wie mein Glaube, meine Hoffnung und meine Liebe.

Deshalb hört Gott mein Gebet
wie eine Liebeserklärung,
die ihn staunen lässt:
»Tatsächlich,
ich fehle dir,
du brauchst mich,
du willst meine Nähe,
meine Hilfe,
du willst mich!«

Ja, der große Gott
will von dem kleinen Menschen gebraucht werden.
Die Größe dieses Gottes formuliert
V4: »Du aber bist heilig,
der du thronst über den Lobgesängen Israels!«

Ein wahrhaft erhabenes Bild:
Der heilige Gott auf einem Thron,
errichtet über Lobgesängen.
Müssen vor diesem Bild
meine Klagen nicht verstummen?

Ist es doch der Schrei nach Gott,
der glaubt und hofft auf Gottes Antwort,
der liebt, weil er Gott vermisst.
Und ist dieser Schrei
nach dem so verborgenen Gott
nicht so etwas *wie* ein verborgener Lobgesang?
Ja, auch über unseren Klagen

will Gott seinen Thron errichten.
Das zeigt sich vor allem
in den dringenden Bitten,
die wir gebetet haben.
(Vers 12): »Sei nicht ferne von mir, denn Angst ist nah,
denn es ist hier kein Helfer!«

Und schließlich noch einmal das vertraute Du.
(Vers 20): »Aber du, Herr, sei nicht ferne,
meine Stärke, eile, mir zu helfen!«
Du, meine Stärke sei nicht fern!

So
klingt ein verborgener Lobgesang
für den verborgenen Gott!

Zum Schluss noch ein Blick
auf den hebräischen Urtext von Vers 4,
der Überraschendes aussagt:
»Du aber bist heilig,
der du *be-wohnst* die Lobgesänge Israels.«
Eine noch nähere Nähe
spricht sich hier aus!
Der heilige Gott
wohnt *im* Lobgesang,
wohnt *im* Gebet.
Ja, auch unsere Klage
wird für ihn zur Wohnung,
in der er all das wieder aufrichtet,
was wir so schmerzlich vermisst haben:
Seine Gegenwart.

Und so wird der Schrei nach dem verborgenen Gott
zu jenem Ort,

an dem dieser Gott sich niederlässt
und seine Nähe offenbart.

Und das erinnert mich an ein Taschentuch.
Ja, Sie haben recht gehört:
an ein Papiertaschentuch,
das ich mir aufgehoben habe.
Und heute kommt es zum Einsatz.
(Auspacken!)
Es zeigt, etwas verfremdet,
einen Moment zwischenmenschlicher Liebe
in Gestalt eines traurigen Bären.
Darüber stehen dessen Gedanken:
»Wenn du mich mal verlässt,
darf ich dann mitkommen?«
(Zeigen!)

Liebe Gäste,
eine schönere Liebeserklärung,
ein schöneres Gebet
kann ich mir kaum vorstellen!
Deshalb beten wir jetzt:

GEBET

»Lieber Gott,
wenn du mich mal verlässt,
darf ich dann mitkommen?«

Vater unser im Himmel, geheiligt werde dein Name.
Dein Reich komme.
Dein Wille geschehe. Wie im Himmel, so auf Erden.
Unser tägliches Brot gib uns heute.
Und vergib uns unsere Schuld, wie auch wir vergeben unsern Schuldigern.

Und führe uns nicht in Versuchung, sondern erlöse uns von dem Bösen.
Denn dein ist das Reich und die Kraft und die Herrlichkeit in Ewigkeit.
Amen.

SCHLUSSLIED

»Unverzagt und ohne Grauen«
Wir singen vom angefangenen **Lied Nr. 370**
die Strophen 7 und 8:

Unverzagt und ohne Grauen
soll ein Christ, wo er ist,
stets sich lassen schauen.
Wollt ihn auch der Tod aufreiben,
soll der Mut dennoch gut
und fein stille bleiben.

Kann uns doch kein Tod nicht töten,
sondern reißt unsern Geist
aus viel tausend Nöten,
schließt das Tor der bittern Leiden
und macht Bahn, da man kann
gehn zu Himmelsfreuden.

SEGEN

Gehet nun hin mit dem Segen,
den der Herr auf sein Volk zu legen befohlen und verheißen hat:

Der Herr segne dich und behüte dich.
Der Herr lasse sein Angesicht leuchten über dir und sei dir gnädig.
Der Herr erhebe sein Angesicht auf dich und gebe dir Frieden.

Amen.

ABENDLICHE BESINNUNG AM 20.8.2015 - *Genesis 22, 1-14*

BEGRÜSSUNG

Liebe Gäste,
seien Sie herzlich willkommen,
zu unserer abendlichen Besinnung.
Eine Besinnung,
die der Liebe gewidmet ist.
Der grandiosen Sinngeberin unseres Lebens.
Gottesliebe und Nächstenliebe.
So spricht die Bibel von diesem einzigartigen Phänomen.

Zuletzt haben wir uns dem großen *Aber* gewidmet,
dem Widerspruch zwischen der Liebe Gottes
und dem Leiden in dieser Welt.

Die nächsten Abende gelten einem anderen Aspekt.
Wir werden den Zeichen der Liebe,
den Folgen der Liebe nachspüren.
Und wir tun dies:

VOTUM

Im Namen des Vaters und des Sohnes und des Heiligen Geistes.
Amen.
Unsere Hilfe steht im Namen des Herrn, der Himmel und Erde gemacht hat,
der Treue hält ewiglich und nicht preisgibt das Werk seiner Hände.

GEBET

Zu ihm, dem dreieinigen Gott, beten wir jetzt
und sprechen gemeinsam unseren Text,
im Gesangbuch die **Nr. 328, Strophe 2**:

Zieh mich, o Vater, zu dem Sohne,
damit dein Sohn mich wieder zieh zur dir;
dein Geist in meinem Herzen wohne
und meine Sinne und Verstand regier,
daß ich den Frieden Gottes schmeck und fühl
und dir darob im Herzen sing und spiel.

Herr, unser Gott,
wir haben gestern gehört,
dass du zu Hause bist
in unseren Gebeten. In dem,
was wir dir sagen.
Ob leise gestammelt oder laut geschrien.
Du nimmst Platz
in jedem unserer Worte.
Und so bitten wir dich heute,
lass auch uns zu Hause sein in dem,
was Du uns sagst.
Lass uns Heimat finden in deinem Wort
für Zeit und Ewigkeit.
Amen.

Psalm

Wir beten weiter und sprechen im Wechsel die Verse aus dem **37. Psalm**, im Gesangbuch die **Nr. 752**:

Befiehl dem Herrn deine Wege
und hoffe auf ihn, er wird's wohl machen

und wird deine Gerechtigkeit heraufführen wie das Licht
und dein Recht wie den Mittag.

Sei stille dem Herrn und warte auf ihn.
Entrüste dich nicht, damit du nicht Unrecht tust.

Bleibe fromm und halte dich recht;
denn einem solchen wird es zuletzt gut gehen.

Der Herr hilft den Gerechten,
er ist ihre Stärke in der Not.

Ehre sei dem Vater durch den Sohn im Heiligen Geist.
Wie im Anfang so auch jetzt und allezeit und in Ewigkeit.
Amen.

ANFANGSLIED

»Dein ewge Treu und Gnade«
Wir singen vom *Paul-Gerhardt*-Lied **Nr. 361**
die **Strophen 3 bis 5**:

Dein ewge Treu und Gnade,
o Vater, weiß und sieht,
was gut sei oder schade
dem sterblichen Geblüt;
und was du dann erlesen,
das treibst du, starker Held,
und bringst zum Stand und Wesen,
was deinem Rat gefällt.

Weg hast du allerwegen,
an Mitteln fehlt dir's nicht;
dein Tun ist lauter Segen,
dein Gang ist lauter Licht;
dein Werk kann niemand hindern,
dein Arbeit darf nicht ruhn,
wenn du, was deinen Kindern
ersprießlich ist, willst tun.

*Und ob gleich alle Teufel
hier wollten widerstehn,
so wird doch ohne Zweifel
Gott nicht zurücke gehn;
was er sich vorgenommen
und was er haben will,
das muß doch endlich kommen
zu seinem Zweck und Ziel.*

ANSPRACHE

Liebe Schwestern und Brüder,
Zweck und Ziel der Wege Gottes mit uns Menschen
ist die Liebe.
Zuerst:
die Beziehung zu ihm, unserem Schöpfer.
Mensch und Gott.
Ein ungleiches Liebespaar.
Deshalb muss die Initiative von Gott ausgehen.
In der Gestalt der Versöhnung.
Es geht heute also um unsere Versöhnung mit Gott.

Im Mittelpunkt soll eine Geschichte stehen,
die neuerdings
zu den umstrittensten Passagen
des Alten Testaments gehört:
Die Geschichte,
wie es gleich am Anfang von 1. Mose 22 heißt,
von der Versuchung Abrahams –
durch Gott.

Dieser Hinweis
ist *wie* ein musikalisches Vorzeichen,
wie das Kreuz

nach dem Notenschlüssel.
Man muss es beachten,
wenn die Geschichte in der richtigen Tonart,
der richtigen Melodie erklingen soll.
Wer dies vernachlässigt,
erzeugt Misstöne und Missverständnisse.

Die Geschichte von der sog. Opferung Isaaks,
in der jüdischen Tradition präziser:
von der »Bindung Isaaks«,
stößt heutzutage auf breite Ablehnung.
Wie kann dieser Gott nur so etwas fordern!!

Doch der Reihe nach.
Gott ruft: *Abraham!*
Der Name,
mit dem Gott seinen Neuanfang verbindet
nach dem Debakel der Urgeschichte
und ihrem Ende, dem Turmbau zu Babel.
Und der Name,
in dem die drei monotheistischen Religionen
den Vater des Glaubens sehen.

Abraham! ruft Gott.
Und der antwortet: »Hier bin ich«!
HINNENI auf Hebräisch.
Ein kurzes Wörtchen,
das überall in der Bibel
für große Bereitschaft und Hingabe steht.
Gleichsam die Entsprechung
zum Gottesnamen Jahwe:
»Ich bin für dich da«.

Abraham ist der erste Mensch,
der so zu Gott spricht.
Und der es so meint.
Denn als Gott sagt:
»Opfere deinen Sohn, deinen einzigen,
den du liebhast, den Isaak!«,
da steht Abraham früh morgens auf
und macht sich auf den Weg
zu jenem Berg,
der ihm gezeigt werden soll.

Es ist der Berg Morija.
Abraham wird ihn so nennen.
Auf deutsch: Der Berg, da der Herr sieht.
Alles Folgende geschieht also
unter den Augen Gottes.

Auch *wir* sehen.
Sehen, wie Abraham
mit seinem Sohn Isaak,
mit Esel, Knechten und gespaltenem Holz
unterwegs ist.
Schließlich
lässt er Esel und Knechte zurück
und geht allein weiter mit seinem Sohn.
Es heißt:
Ihm lädt er das Holz auf.

Hatte *Paul Gerhardt* etwa diese Szene vor Augen,
als er in seinem Passionslied
Jesus dieses Wort in den Mund legte:
"Ja, Vater, ja, von Herzensgrund,
leg auf, ich will dir´s tragen" (EG 83 ,3)?

Der Erzähler der Genesis, des ersten Buches Mose,
erhöht nun die Spannung,
indem er kleinste Details wiedergibt.
Etwa das Gespräch zwischen Vater und Sohn.

»Und es gingen die beiden miteinander«.

– Mein Vater!
+ Hier bin ich, mein Sohn!
(wieder HINNENI, d.h. ich bin für dich da)
– Siehe, hier ist Feuer und Holz,
wo aber ist das Schaf zum Brandopfer?
+ Mein Sohn, Gott wird sich ersehen
ein Schaf zum Brandopfer!

»Und es gingen die beiden miteinander«.

Die Innigkeit dieser Szene
macht uns Zuschauer sprachlos.
Ein stummer Widerwille regt sich.
Wie kann Abraham nur!
Wie kann Gott nur!

Und schon fällt die nächste Szene
mit Wucht über uns herein.
Oben auf dem Berg
baut Abraham einen Altar,
legt Holz auf,
bindet darüber seinen Sohn fest
und zückt das Messer.

Halt,
möchten wir schreien.
Das geht zu weit!

Und es geht zu weit. Auch für Gott.
Ein Gottesbote,
ein Engel ruft: »Abraham!«
Hört der nichts?
Der Engel ruft nochmal: Abraham!
Jetzt antwortet er.
Wieder mit HINNENI.
Hier bin ich. Ich bin bereit.
Wozu?
Abraham bleibt reglos.

Ein neuer Befehl.
Nicht den *Sohn*!
Sondern den *Widder*,
der sich im Gebüsch verfangen hat,
den opfere!

Und wir dürfen mit Abraham
aufatmen.
Was für eine Geschichte!
Und wie sollen wir sie verstehen?

Liebe Schwestern und Brüder,
der Engel sagt am Ende:
»Nun weiß ich, dass du Gott fürchtest
und hast deinen einzigen Sohn nicht verschont
um meinetwillen«.

Wir Christen müssen hier natürlich
eine andere Geschichte einblenden,
die Paulus in Römer 8 (Vers 31f) formuliert hat:
»Ist Gott für uns,
wer kann wider uns sein?
Der auch seinen eigenen Sohn

nicht verschont hat,
sondern hat ihn für uns alle dahingegeben –
wie sollte er uns mit ihm nicht alles schenken?«
Dazu später.

Jetzt nochmals zurück ins Alte Testament.
Dort finden wir im 2. Buch der Könige (2Kö 3, 27)
eine Geschichte,
die uns helfen kann,
jenes Vorzeichen
für die Melodie der Opferung Isaaks
richtig zu lesen.

Es ist Krieg.
Zwischen Moab und Israel.
Mesa, der König von Moab,
sieht, dass seine Gegner zu stark sind.
Da nimmt er seinen erstgeborenen Sohn,
der an seiner Statt König werden sollte,
und opfert ihn
zur Besänftigung der Götter:
als Brandopfer auf der Stadtmauer,
und
die Feinde ziehen sich entsetzt zurück.

Was hat dieser Vorfall bewirkt?
Haben die Israeliten sich vielleicht gefragt:
Wenn schon die Heiden
ihren leblosen Götzen solch große Opfer bringen,
was steht dann unserem lebendigen Gott
für eine Gabe zu?
Dieselbe?
Die Versuchung war groß.

Eine fromme Versuchung
Das ist die Versuchung Abrahams.

Doch das Ende der Geschichte
– und wir wissen,
dass am Ende jeder biblischen Geschichte
das Entscheidende steht –
das Ende der Geschichte
ist eben die Opferung des Widders
und nicht die Isaaks.
Tieropfer!
Nicht Menschenopfer!

Und zwar auf dem Berg Morija.
Jener Berg, der später »Zion« heißt,
und auf dem König Salomo
den Tempel bauen wird.

Der Alttestamentler *Hartum Gese*
hat deshalb die Geschichte aus 1. Mose 22
»Zions-Prolepse« genannt,
d.h. Vorwegnahme des Zion.
Erst David
hatte ja den Zion zum Opferplatz bestimmt,
aber der Erzvater Abraham
war schon vorher da mit seinem Altar.

Die Deutung heißt deshalb:
Der Widder zum Brandopfer,
ja, jedes Opfer,
das künftig ein Israelit
im Tempel auf dem Zion darbringen wird,
soll bei Gott so viel gelten
wie das größte Opfer,

das ein Mensch geben kann:
gleichsam das Königsopfer.
Den einzigen Sohn.
Die eigene Dynastie.
Die eigene Zukunft.

Zion,
der Tempelberg in Jerusalem –
Ort der Sündenvergebung,
Ort der Versöhnung
zwischen dem schuldigen Menschen
und dem heiligen Gott,
das ist der Berg Morija
aus unserer Geschichte.

Und das Vorzeichen der Geschichte?
Ein Kreuz!
So hatte ich es anfangs genannt.
Mit Absicht.
Denn:
Am Kreuz,
in Jerusalem, geschah die Versöhnung
zwischen Mensch und Gott.
Und zwar so,
dass in der Selbsthingabe Jesu
nun Gott selbst zum Opfer wird.
Das ist das Ende aller Opfer.
Denn:
Gott selbst
hat die Opferrolle übernommen.
Für alle Zeiten.
Und wo auch immer

Menschen zum Opfer gemacht werden,
haben es die Täter mit Gott zu tun.

Doch das Miteinander der Menschen
– ohne jegliche Opferrolle –,
das nennen wir Frieden und Versöhnung.

Und das drückt sich aus in jenem HINNENI,
das wir uns gegenseitig zusprechen:
»Liebe Schwester, lieber Bruder,
ich bin für dich da!«

Amen.

GEBET

Herr, unser Gott,
wir danken dir
für die Berg-Geschichten in der Bibel.
Morija, Zion, Golgatha.
Dort können wir dir begegnen.
Dort sind deine Augen.
So lass auch uns darauf sehen.
Und staunen, was du uns geschenkt hast.
Dich selbst!

Vater unser im Himmel, geheiligt werde dein Name.
Dein Reich komme.
Dein Wille geschehe. Wie im Himmel, so auf Erden.
Unser tägliches Brot gib uns heute.
Und vergib uns unsere Schuld, wie auch wir vergeben unsern Schuldigern.
Und führe uns nicht in Versuchung, sondern erlöse uns von dem Bösen.
Denn dein ist das Reich und die Kraft und die Herrlichkeit in Ewigkeit.
Amen.

SCHLUSSLIED

»Ihn, ihn lass tun und walten«
Vom angefangenen Lied **Nr. 361**
singen wir **die Strophen 8 bis 11**:

*Ihn, ihn laß tun und walten,
er ist ein weiser Fürst
und wird sich so verhalten,
daß du dich wundern wirst,
wenn er, wie ihm gebühret,
mit wunderbarem Rat
das Werk hinausgeführet,
das dich bekümmert hat.*

*Er wird zwar eine Weile
mit seinem Trost verziehn
und tun an seinem Teile,
als hätt in seinem Sinn
er deiner sich begeben
und sollt´st du für und für
in Angst und Nöten schweben,
als frag er nichts nach dir.*

*Wird´s aber sich befinden,
daß du ihm treu verbleibst,
so wird er dich entbinden,
da du´s am mindsten glaubst;
er wird dein Herze lösen
von der so schweren Last,
die du zu keinem Bösen
bisher getragen hast.*

Wohl dir, du Kind der Treue,
du hast und trägst davon
mit Ruhm und Dankgeschreie
den Sieg und Ehrenkron;
Gott gibt dir selbst die Palmen
in deine rechte Hand,
und du singst Freudenpsalmen
dem, der dein Leid gewandt.

Segen

Gehet nun hin mit dem Segen,
den der Herr auf sein Volk zu legen befohlen und verheißen hat:

Der Herr segne dich und behüte dich.
Der Herr lasse sein Angesicht leuchten über dir und sei dir gnädig.
Der Herr erhebe sein Angesicht auf dich und gebe dir Frieden.

Amen.

ABENDLICHE BESINNUNG AM 21.8.2015 - *Genesis 32, 4 - 33, 11*

BEGRÜSSUNG

Guten Abend, liebe Gäste!
In unserem Thema »Liebe«
haben wir gestern mit dem begonnen,
was Liebe bewirkt:
Versöhnung.
Zuerst die zwischen Gott und Mensch.
Gottes Liebe hat sie uns geschenkt,
weil er selbst die Opferrolle übernommen hat
am Kreuz auf Golgatha.
Dieses für die Menschheit grundlegende Geschehen
in Jerusalem
haben wir im Kontext
der spannenden Abraham-Geschichte
vom Opfer auf dem Berg Morija,
dem späteren Tempelberg in Jerusalem,
neu verstehen gelernt.

Die Versöhnung
ist nun auch ein Thema der Jakob-Geschichten,
die wir heute betrachten.
Und wir tun dies:

VOTUM

Im Namen des Vaters und des Sohnes und des Heiligen Geistes.
Amen.
Unsere Hilfe steht im Namen des Herrn, der Himmel und Erde gemacht hat,
der Treue hält ewiglich und nicht preisgibt das Werk seiner Hände.

GEBET

Zu ihm, dem dreieinigen Gott, beten wir jetzt
und sprechen gemeinsam unseren Text,
im Gesangbuch die **Nr. 328, Strophe 2**:

Zieh mich, o Vater, zu dem Sohne,
damit dein Sohn mich wieder zieh zur dir;
dein Geist in meinem Herzen wohne
und meine Sinne und Verstand regier,
daß ich den Frieden Gottes schmeck und fühl
und dir darob im Herzen sing und spiel.

Herr, unser Gott,
Heiland, Friedefürst und Versöhner,
wir möchten es von dir lernen,
wie wir friedlich und versöhnlich leben können,
und bitten dich,
dass du es uns in deinem Wort sagst.
Wir danken dir,
dass du dein Wort in unser Herz schreiben willst,
damit wir es nicht vergessen.
Amen.

PSALM

Wir beten weiter und sprechen im Wechsel Worte aus **Jesaja 53**,
im Gesangbuch die **Nr. 801 Punkt 9**:

Fürwahr, er trug unsre Krankheit
und lud auf sich unsre Schmerzen.
Wir aber hielten ihn für den, der geplagt
und von Gott geschlagen und gemartert wäre.
Aber er ist um unsrer Missetat willen verwundet
und um unsrer Sünde willen zerschlagen.

Die Strafe liegt auf ihm, auf daß wir Frieden hätten,
und durch seine Wunden sind wir geheilet.

Wir gingen alle in die Irre wie Schafe,
ein jeder sah auf seinen Weg.

Der Herr warf unser aller Sünde auf ihn;
aber er ist aus Angst und Gericht hinweggenommen.

Ehre sei dem Vater durch den Sohn im Heiligen Geist.
Wie im Anfang so auch jetzt und allezeit und in Ewigkeit.
Amen.

ANFANGSLIED

»Gib uns Frieden jeden Tag«
Wir singen vom **Lied Nr. 425 alle 3 Strophen**:

Gib uns Frieden jeden Tag!
Laß uns nicht allein.
Du hast uns dein Wort gegeben,
stets bei uns zu sein.
Denn nur du, unser Gott,
denn nur du, unser Gott,
hast die Menschen in der Hand.
Laß uns nicht allein.

Gib uns Freiheit jeden Tag!
Laß uns nicht allein.
Laß für Frieden uns und Freiheit
immer tätig sein.
Denn durch dich, unsern Gott,
denn durch dich, unsern Gott,
sind wir frei in jedem Land.
Laß uns nicht allein.

Gib uns Freude jeden Tag!
Laß uns nicht allein.
Für die kleinsten Freundlichkeiten
laß uns dankbar sein.
Denn nur du, unser Gott,
denn nur du, unser Gott,
hast uns alle in der Hand.
Laß uns nicht allein.

Text: Rüdeger Lüders / Kurt Rommel
© by Gustav Bosse Verlag, Kassel

ANSPRACHE

Liebe Schwestern und Brüder,
»Auf dass wir Frieden hätten«
so dichtete es einst der sog. Deutero-Jesaja,
Prophet im babylonischen Exil.
Friede, Versöhnung,
ist ein himmlisches Geschenk.
Nicht zum Behalten,
sondern zum Weitergeben.
Doch wie macht man das?

Der »wahre Jakob«,
wie er uns in 1. Mose 3, 32-33 geschildert wird,
kann uns da weiterhelfen.

Ein seltsamer Lehrmeister.
War er nicht jener Betrüger,
der seinem Bruder
das Erstgeburtsrecht abschwatzte
für ein berüchtigtes Linsengericht?
Und später –
in unrühmlicher Verkleidung,
mit mütterlicher Unterstützung,
seinen alten blinden Vater täuschte?

Seinen Vater,
jenen Isaak, der die Prüfung
seines Vaters Abraham glücklich überlebt hatte?

Und nun
wird jener Isaak von Jakob,
seinem jüngsten Sohn überrumpelt
und muss ihn segnen,
als wäre er der Älteste, der Erstgeborene.

Der große Bruder Esau,
der Zwillingsbruder,
er kommt zu spät.
All sein Weinen hilft nicht.
Segen ist Segen.

Wen wundert´s,
dass Esau Rache schwört?
Als die Mutter der beiden, Rebekka,
davon Wind bekommt,
schickt sie ihren Lieblingssohn nach Haran,
in ihre Heimat,
zu ihrer Ursprungsfamilie.

Lange bleibt Jakob dort.
Jakob, der Listige,
wird dort selbst überlistet
von seinem Schwiegervater Laban.
Er muss zwei Mal sieben Jahre dienen,
bevor er
neben der – quasi untergeschobenen – Lea
seine geliebte Rahel zur Frau nehmen darf.

Elf Kinder
werden ihm in der Fremde geboren.

Doch die Fremde bleibt fremd.
Er möchte heim.
Aber wie?
Da ist doch der zurecht erboste Bruder Esau!

Jakob macht sich trotzdem auf den Weg
mit allem, was er sich in der Fremde erworben:
eine große Familie
und große Herden.

Jakob ist klug.
Er schickt Knechte voraus
zu seinem Bruder Esau
mit der Botschaft:
»Dein Knecht Jakob bittet,
dass er Gnade in deinen Augen findet!«

Die Boten Jakobs kommen zurück und berichten:
»Dein Bruder Esau kommt dir entgegen – –
mit 400 Mann!«
Kein Wunder, dass sich Jakob fürchtet,
dass er den Gott seiner Väter
um Rettung bittet …

Ein berühmtes Gebet:
»Herr, ich bin zu gering
aller Barmherzigkeit und aller Treue,
die du an deinem Knecht getan hast!
Errette mich aus der Hand meines Bruders Esau!
Du hast doch zu mir gesagt:
Ich will dir wohltun!«

Jakob ist klug.
Er erinnert Gott an sein Versprechen.
Daran hält er sich jetzt fest.

Jakob.
Er rechnet mit allem.
Darum teilt er sein Hab und Gut
in zwei Gruppen auf.
Wird eine Hälfte überfallen,
bleibt ihm noch die andere.
Jakob ist klug.

Jetzt
sucht er sich noch
aus seinem Besitz
zwei »Heere« aus, wie es heißt.
Keine bewaffneten,
sondern Heere aus Knechten und Viehherden.
Sie sollen sich in gewissem Abstand
auf den Weg machen.
Denn Jakob sagt sich:
»Ich will Esau versöhnen
mit dem Geschenk, das vor mir hergeht!«
Wird das gelingen?

Wie gesagt,
Jakob rechnet mit allem.
Nur nicht mit dem,
was ihm jetzt widerfährt,
an der Furt des Flusses Jabbok
im Ostjordanland.

Gerade hat er seine Familie und alle Habe
glücklich über den Fluss gebracht.
Nun bleibt er allein zurück.
Über Nacht.

Da, ein Mann greift ihn an.
Und Jakob kämpft.
Er ist stark.
Sein Gegner auch.
Und zuletzt
schlägt dieser ganz kräftig
auf Jakobs Hüfte.
Jakob soll ihn loslassen,
denn er will gehen.

Und erst jetzt merkt Jakob,
mit wem er es da zu tun hat
und sagt:
»Ich lasse dich nicht,
du segnest mich denn!«

Er, Jakob, der sich einst
den Segen erschlichen hat,
bittet jetzt darum.
Jetzt weiß er es endlich:
Segen kann sich keiner selbst nehmen.
Segen ist ein Geschenk.

Und mit dem Segen
bekommt Jakob auch einen neuen Namen.
Der Fremde sagt:
»Du sollst nicht mehr Jakob heißen,
sondern Israel,
denn du hast mit Gott und Menschen gekämpft!«
– d. h. hebräisch JISRA-EL.

Am Ende
geht Jakob die Sonne auf.
Aber er hinkt.
Und er gibt dem Ort des Geschehens
den Namen Pnuel,
d.h. hebräisch PENU-EL, Gottes Angesicht.
Denn, so sagt er:
»Ich habe Gott von Angesicht gesehen,
und meine Seele ist genesen!«

Wie gesagt,
Jakob hat mit allem gerechnet,
nur nicht damit.
Nicht mit dieser Unterbrechung.

Eine heilsame Unterbrechung,
wie sich herausstellen wird.
Denn jetzt kommt ja
unweigerlich
die Begegnung mit Esau.
Und Jakob
nötigt ihm die Geschenke richtig auf,
dass er sie doch nehme.
Aber mit welchen Worten!

Er sagt:
»Ich sah *dein Angesicht*,
als sähe ich *Gottes Angesicht*.
Deshalb lass dir´s gefallen
und nimm meine Gaben,
die Gott mir gegeben!«

Liebe Hausgemeinde,
wie wir sehen:
Auch hier spielt Gott
die erste Rolle.
Auch hier,
auch bei uns,
auch bei mir.

Die Begegnung mit Gott,
das Bleiben vor seinem Angesicht,
das ist die Voraussetzung dafür,
dass ich meinem Bruder
wieder in die Augen schauen kann.
Das ist die Voraussetzung für die Versöhnung,
für die Begegnung mit *dem* Bruder,
an dem *ich* schuldig geworden bin.

Aus der Zuwendung Gottes
erwächst mir die Zuwendung
zu meinem Bruder.
Wenn ich sein Angesicht sehe,
wird es für mich durchsichtig.
Dahinter strahlt mir das göttliche Angesicht:
mit den Augen der Liebe,
mit dem Lächeln der Versöhnung.
Eben mit all dem,
was meine Seele gesund gemacht hat.

Und wäre ich mutig, wie Jakob,
würde ich es tatsächlich so formulieren:
»Weißt du, Bruderherz,
ich sah dein Angesicht
als sähe ich Gottes Angesicht!«

Aber
ich bin nicht mutig wie Jakob.
Ich finde so schwer das rechte Wort.
Ein Wort für meinen Bruder.
Aber
ich strahle ihn an.
Und hinter ihm
lächelt Gott.

Amen.

Gebet

Herr, unser Gott,
von deiner Vergebung leben wir.
Vom Licht deines Angesichts
kommt das Strahlen auf unser Gesicht.
Kommt Freundlichkeit, Liebe und Achtsamkeit
in unsere Welt.
Lass uns bei dir bleiben.
Lass uns dich schauen,
damit wir genesen!

Vater unser im Himmel, geheiligt werde dein Name.
Dein Reich komme.
Dein Wille geschehe. Wie im Himmel, so auf Erden.
Unser tägliches Brot gib uns heute.
Und vergib uns unsere Schuld, wie auch wir vergeben unsern Schuldigern.
Und führe uns nicht in Versuchung, sondern erlöse uns von dem Bösen.
Denn dein ist das Reich und die Kraft und die Herrlichkeit in Ewigkeit.
Amen.

SCHLUSSLIED

»Im Frieden dein, o Herre mein«
Vom Lied **Nr. 222**
singen wir **die Strophen 1 und 3**:

Im Frieden dein,
o Herre mein,
laß ziehn mich meine Straßen.
Wie mir dein Mund
gegeben kund
schenkst Gnad du ohne Maßen,
hast mein Gesicht
das selge Licht,
den Heiland, schauen lassen.

O Herr, verleih,
daß Lieb und Treu
in dir uns all verbinden,
daß Hand und Mund
zu jeder Stund
dein Freundlichkeit verkünden,
bis nach der Zeit den Platz bereit'
an deinem Tisch wir finden.

SEGEN

Gehet nun hin mit dem Segen,
den der Herr auf sein Volk zu legen befohlen und verheißen hat:

Der Herr segne dich und behüte dich.
Der Herr lasse sein Angesicht leuchten über dir und sei dir gnädig.
Der Herr erhebe sein Angesicht auf dich und gebe dir Frieden.

Amen.

Abendliche Besinnung am 22.8.2015 - *Genesis 37; 39-50*

BEGRÜSSUNG

Ein herzliches Willkommen
zur abendlichen Besinnung,
liebe Gäste,
ob neu angereist oder schon wieder reisefertig!
Wir sinnen dem nach,
was die Liebe bewirkt:
Versöhnung und Frieden.

Das ist das große Thema der Genesis,
des 1. Buches Mose.
Bei Abraham haben wir von der grundlegenden Versöhnung erfahren.
Die Versöhnung zwischen Gott und Mensch.
Und bei Jakob die spannende Versöhnung
mit dem Bruder, an dem er selbst schuldig geworden ist.
Das letzte Kapitel des Buches enthält eine weitere Versöhnungsgeschichte.
Ihr wenden wir uns heute zu,
und zwar:

VOTUM

Im Namen des Vaters und des Sohnes und des Heiligen Geistes.
Amen.
Unsere Hilfe steht im Namen des Herrn, der Himmel und Erde gemacht hat,
der Treue hält ewiglich und nicht preisgibt das Werk seiner Hände.

GEBET

Zu ihm, dem dreieinigen Gott, beten wir jetzt
und sprechen gemeinsam unseren Text,
im Gesangbuch die **Nr. 328, Strophe 2:**

Zieh mich, o Vater, zu dem Sohne,
damit dein Sohn mich wieder zieh zur dir;
dein Geist in meinem Herzen wohne
und meine Sinne und Verstand regier,
dass ich den Frieden Gottes schmeck und fühl
und dir darob im Herzen sing und spiel.

Herr, unser Gott,
du kennst den Lebenslauf eines jeden von uns.
Wir wollen jetzt zu dir laufen.
Weil wir wissen:
du kommst uns längst entgegen.
Amen.

Psalm

Wir beten weiter und sprechen im Wechsel Worte aus **Psalm 71**,
im Gesangbuch die **Nr. 766**:

Herr, ich traue auf dich,
lass mich nimmermehr zuschanden werden.
Errette mich durch deine Gerechtigkeit und hilf mir heraus,
neige deine Ohren zu mir und hilf mir!
Sei mir ein starker Hort, zu dem ich immer fliehen kann,
der du zugesagt hast, mir zu helfen;
denn du bist meine Zuversicht, Herr, mein Gott,
meine Hoffnung von meiner Jugend an.
Verwirf mich nicht in meinem Alter,
Verlass mich nicht, wenn ich schwach werde.
Du lässest mich erfahren viele und große Angst
und tröstest mich wieder.
Meine Lippen und meine Seele, die du erlöst hast,
sollen fröhlich sein und dir lobsingen.

Ehre sei dem Vater durch den Sohn im Heiligen Geist.
Wie im Anfang so auch jetzt und allezeit und in Ewigkeit.
Amen.

ANFANGSLIED

»Du, meine Seele, singe«
Wir singen vom **Lied Nr. 302 die Strophen 1 und 2:**

Du, meine Seele, singe,
wohlauf und singe schön
dem, welchem alle Dinge
zu Dienst und Willen stehn.
Ich will den Herren droben
hier preisen auf der Erd;
ich will ihn herzlich loben,
solang ich leben werd.

Woh dem, der einzig schauet
nach Jakobs Gott und Heil!
Wer dem sich anvertrauet,
der hat das beste Teil,
das höchste Gut erlesen,
den schönsten Schatz geliebt;
sein Herz und ganzes Wesen
bleibt ewig unbetrübt.

ANSPRACHE

Liebe Schwestern und Brüder,
Sie haben es sicher längst bemerkt:
ich möchte Ihnen Lust auf die Bibel machen,
Sie zum Bibellesen verführen.
Gleich das 1. Buch im Buch der Bücher
enthält die längsten

und spannendsten Lebensgeschichten.
Die von Abraham, von Jakob,
und am Schluss die von Josef.
Es ist die längste.
Und seit der empfehlenswerten
Trilogie von *Thomas Mann*
genießt sie gleichsam literarischen Ruhm.

Josef.
Sein Lebensweg gleicht einem wilden Meer.
Hochs und Tiefs wechseln sich regelmäßig ab.
Seine Geschichte:
eine weisheitliche Erzählung
mit pädagogischer Absicht.

Als Motto könnte man auch
die Erkenntnis des Paulus aus Römer 8, 28 anführen:
»Wir wissen aber, dass denen, die Gott lieben,
alle Dinge zum Besten dienen!«

Zur Erinnerung:
Josef ist der erste Sohn von Jakobs Lieblingsfrau Rahel.
Verwöhnt und eingebildet
wie er ist, erzählt er seinen Brüdern
von den großen Träumen, die er träumt:
dass sich alle vor ihm verneigen.

Nein, so viel Arroganz ist kaum auszuhalten!
Die erste beste Gelegenheit
packen die Brüder beim Schopf,
werfen Josef in eine Grube,
ziehen ihn wieder heraus
und verkaufen ihn an eine Karawane,
die nach Ägypten zieht.

Sein kostbares Gewand,
ein Geschenk des Vaters,
tauchen sie in Blut.
Ein wildes Tier habe ihn zerrissen!
Vater Jakobs Trauer ist grenzenlos.

Josef in Ägypten.
Auf dem Sklavenmarkt bringt er viel ein.
Bezahlt hat *Potiphar*, ein Beamter des Pharao.
Alles, was Josef in dessen Haus anpackt,
gelingt.
Warum? – Es heißt:
»Weil Gott mit ihm ist.«

Als sich die Frau des Hauses ihm nähern will,
reißt er sich los.
Die enttäuschte Frau verleumdet ihn,
und Josef landet im Gefängnis.

Der Gefängniswärter bemerkt bald,
welche Talente Josef sein eigen nennt,
und übergibt ihm die ganze Verwaltung.

Eines Tages erzählen zwei Mitgefangene,
der Bäcker und der Mundschenk des Pharao,
ihre Träume.
Josef deutet sie.
Und so kommt es auch:
Der Bäcker wird gehängt,
der *Mundschenk* wieder eingestellt.

Der aber vergisst Josef schnell.
Obwohl er ihn gebeten hatte,
bei Pharao seiner zu gedenken,
er sei doch unschuldig hier eingesperrt!

Zwei Jahre lang muss Josef warten.
Erst als der Pharao selbst Träume hat,
die keiner der Weisen an seinem Hof deuten kann,
erinnert sich der Mundschenk,
und Josef wird geholt.

Er deutet Pharaos Träume
von sieben fetten und sieben mageren Kühen,
von sieben fetten und sieben leeren Ähren.
Und so kommt es auch:
Ägypten hat sieben fette, fruchtbare Jahre vor sich,
denen sieben unfruchtbare folgen.
Und Josef?
Er wird zum mächtigsten Mann neben Pharao.
Er verwaltet alle Nahrungsvorräte.

Die Hungersnot ist groß.
Auch in Kanaan.
Und Jakob schickt seine Söhne nach Ägypten,
Saatgut zu kaufen.

Da stehen sie nun.
Vor dem erwachsenen Josef.
Und erkennen ihn nicht.
Doch Josef
weiß gleich, wen er da vor sich hat.
Oder doch nicht?

Er will es jetzt wissen:
Sind es immer noch dieselben
rauen und unbarmherzigen Gesellen,
als die er sie erlebt hat?
Seine Halbbrüder?

Einst,
als er in der Grube vergeblich
um sein Leben gebettelt hat?
Einst,
als sie ihn ohne zu zögern
nach Ägypten verkauft haben?
Josef will es jetzt wissen!
Spannung und Rührung gleichermaßen
kennzeichnen die Erzählung seiner Prüfung.

1. Szene:
Josef beschuldigt die Brüder der Spionage.
Sie verteidigen sich:
»Wir sind ehrliche Leute,
wir alle, Söhne EINES Vaters.
Der jüngste Bruder ist zu Hause beim Vater,
und ein Bruder … tja,
der ist nicht mehr!«

Josef verlangt,
dass sie als Beweis ihrer Unschuld das nächste Mal
gerade den jüngsten Bruder mitbringen:
Benjamin,
den einzigen Sohn der Rahel außer Josef.

Die Brüder sind verzweifelt und sagen zueinander:
»Das haben wir an unserem Bruder verschuldet,
weil wir damals sein Flehen nicht gehört haben!«
Da muss sich Josef abwenden und weinen …
Die Brüder ahnen ja nicht,
dass er sie versteht,
denn sie verkehren mit ihm
durch einen Dolmetscher.

2. Szene:
Die Brüder brechen auf,
finden unterwegs das Geld für das Getreide
oben auf ihren Säcken
und erschrecken zutiefst.
»Warum hat uns Gott das getan?«, fragen sie.
Schweren Herzens
erzählen sie zu Hause,
was ihnen widerfahren ist.

Und es dauert lange,
bis der alte Vater einwilligt,
auch seinen Jüngsten mitziehen zu lassen.
Doch die Hungersnot ist zu groß.

3. Szene:
Als Josef seinen Bruder Benjamin sieht,
muss er sich wieder schnell zurückziehen
zum Weinen …
Dann
lädt er alle in seinem Haus
zum Essen ein.
Die Sitzordnung am Tisch
folgt der Reihe nach
vom Ältesten zum Jüngsten der Brüder.
Die wundern sich …

Danach
lässt Josef die Brüder ziehen.
Kaum unterwegs,
werden sie von Josefs Haushalter eingeholt.
»Ihr habt den Becher meines Herrn gestohlen!«
Nichtsahnend
machen die Brüder ihre Säcke auf

– und
der Becher befindet sich
ausgerechnet im Sack des Benjamin.

Entsetzt
zerreißen die Brüder ihre Kleider
zum Zeichen der Trauer,
kehren um,
werfen sich vor Josef nieder und sagen:
»Gott hat die Missetat deiner Knechte gefunden.
Siehe, wir alle
und der, bei dem der Becher gefunden ist,
sind deine Knechte!«
Doch Josef fordert nur Benjamin.
Der soll bleiben,
die andern seien frei.

4. Szene:
Jetzt folgt die alles entscheidende Rede
des Bruders *Juda*:
»Ich biete mich als Geisel an.
Ich will das Herz unseres Vaters
nicht noch einmal brechen.
Ich könnte seinen Jammer nicht mit ansehen,
wenn wir ohne Benjamin heimkämen!«

Josef hat verstanden.
Die Brüder sind andere geworden.
Sie stehen ja tatsächlich füreinander ein!
Und nun
gibt er sich zu erkennen.
Umarmt zuerst weinend seinen Bruder Benjamin.
Danach alle andern,
der Reihe nach …

Wie viel Freudentränen
und Tränen der Erleichterung noch geflossen sind,
wird nicht erzählt,
aber heimlich gezählt …

Klar,
dass Josef seinen Vater kommen lassen will,
dass er ägyptische Knechte
und Pharaos Gespanne mitschickt.
Klar,
dass sich der alte Jakob aufmacht.
Er sagt:
»Mein Sohn Josef lebt!
Das soll mir genügen!
Ich will ihn sehen,
bevor ich sterbe!«

So landet schließlich
die ganze Familie Jakobs in Ägypten.
Große Wiedersehensfreude.
Alles ist gut.

Die Kinder Jakobs,
der den Namen Israel bekommen hat,
also die Kinder Israel,
sie wohnen im Landstrich Gosen
und überleben die Hungersnot.

5. Szene:
Alles ist gut.
Bis Jakob stirbt.
Unser Vater: tot!
Noch einmal sind die Brüder zutiefst beunruhigt.
Sie haben Angst.

Nun wird sich Josef bestimmt rächen!
Sie gehen zu Josef und fallen vor ihm nieder:
»Siehe,
wir sind deine Knechte!«

Und erst jetzt
findet die Geschichte von der Versöhnung
ihr Ende,
ihren Höhepunkt.

Wie wird der so mächtige Mann Ägyptens,
wie wird der einst dorthin verschleppte Bruder
reagieren?
Josefs Antwort spricht Bände:
»Fürchtet euch nicht,
denn ich bin unter Gott!
Ihr gedachtet es böse zu machen,
aber Gott gedachte es gut zu machen, …
am Leben zu erhalten ein großes Volk!«
So tröstet Josef seine Brüder
und verspricht, für sie zu sorgen.

Danach
weiß die Bibel nur noch
von Josefs Tod zu berichten,
und damit endet das 1. Buch Mose.

Ein großer Bogen der Versöhnung
ist darüber gespannt.
Der zeigt mir:
- Erstens meine Versöhnung mit Gott.
- Zweitens meine Versöhnung mit dem Bruder,
an dem ich schuldig geworden bin.
- Und drittens

meine Versöhnung mit den Brüdern,
die an mir schuldig geworden sind.

Das ist die schwierigste, die schwerste Versöhnung.
Warum und wie kann sie gelingen?
Die Josef-Geschichte antwortet:
Weil Gott gedachte, es gut zu machen.
Selbst böses menschliches Denken
muss Gottes Plänen dienen:
zum Guten.
Uns zugute,
mir zugute.

Dietrich Bonhoeffer wusste das,
wenn er schrieb:
»Ich glaube,
dass Gott aus allem,
auch aus dem Bösesten,
Gutes entstehen lassen kann und will.
Dafür braucht er Menschen,
die sich alle Dinge
zum Besten dienen lassen.«

Oder mit Paulus gesprochen:
Gott braucht Menschen,
die ihn lieben!

Amen.

GEBET

Herr, unser Gott,
du hast Versöhnung geschaffen.
Längst, bevor wir überhaupt daran gedacht haben.
Deine Liebe hält es aus bei uns.
Und du willst, dass auch wir es aushalten:
beieinander und miteinander.
So bitten wir dich:
Gib uns die Kraft deiner Liebe,
die Kraft deiner Versöhnung!

Vater unser im Himmel, geheiligt werde dein Name.
Dein Reich komme.
Dein Wille geschehe. Wie im Himmel, so auf Erden.
Unser tägliches Brot gib uns heute.
Und vergib uns unsere Schuld, wie auch wir vergeben unsern Schuldigern.
Und führe uns nicht in Versuchung, sondern erlöse uns von dem Bösen.
Denn dein ist das Reich und die Kraft und die Herrlichkeit in Ewigkeit.
Amen.

SCHLUSSLIED

»Nun danket alle Gott«
Vom Lied **Nr. 321** singen wir **die Strophen 1 und 2**
(nach der Melodie-Form auf S. 598):

Nun danket alle Gott
mit Herzen, Mund und Händen,
der große Dinge tut
an uns und allen Enden,
der uns von Mutterleib
und Kindesbeinen an
unzählig viel zugut
bis hierher hat getan.

Der ewigreiche Gott
woll uns bei unserm Leben
ein immer fröhlich Herz
und edlen Frieden geben
und uns in seiner Gnad
erhalten fort und fort
und uns aus aller Not
erlösen hier und dort.

Segen

Gehet nun hin mit dem Segen,
den der Herr auf sein Volk zu legen befohlen und verheißen hat:

Der Herr segne dich und behüte dich.
Der Herr lasse sein Angesicht leuchten über dir und sei dir gnädig.
Der Herr erhebe sein Angesicht auf dich und gebe dir Frieden.

Amen.

ABENDLICHE BESINNUNG AM 23.8.2015 - *Psalm 100*

BEGRÜSSUNG

Herzlich willkommen
zur abendlichen Besinnung,
liebe Gäste,
besonders die neu Angereisten
oder schon wieder Reisefertigen.

Das Nachsinnen über die Liebe
hat uns zuletzt auf den Weg
durch das erste Buch der Bibel geführt,
auf den Weg des Friedens und der Versöhnung.
Versöhnung als Frucht der Liebe,
als Ereignis,
das dem Liebenden ein Herzensbedürfnis ist.

Doch die Liebe bewirkt noch mehr.
Etwas ganz Besonderes.
Ein sonntägliches Thema:
Wir besinnen uns heute auf
die Freude.
Und wir tun dies:

VOTUM

Im Namen des Vaters und des Sohnes und des Heiligen Geistes.
Amen.
Unsere Hilfe steht im Namen des Herrn, der Himmel und Erde gemacht hat,
der Treue hält ewiglich und nicht preisgibt das Werk seiner Hände.

GEBET

Zu ihm, dem dreieinigen Gott, beten wir jetzt
und sprechen gemeinsam unseren Text,
im Gesangbuch die **Nr. 328, Strophe 2**:

Zieh mich, o Vater, zu dem Sohne,
damit dein Sohn mich wieder zieh zur dir;
dein Geist in meinem Herzen wohne
und meine Sinne und Verstand regier,
daß ich den Frieden Gottes schmeck und fühl
und dir darob im Herzen sing und spiel.

Herr, unser Gott,
wir danken dir:
Du bist ein Gott der Liebe,
ein Gott des Friedens,
und ein Gott,
der unser Herz mit Freude erfüllen will.
Nicht nur mit dem schönen Götterfunken,
sondern gespeist von den Flammen deiner Liebe.
Um eine solche Freude bitten wir dich jetzt
durch Jesus Christus, unsern Herrn.
Amen.

PSALM

Wir beten weiter mit **Ps 100**,
im Gesangbuch die **Nr. 776**:

Jauchzt dem Herrn, alle Welt!
Dient dem Herrn mit Freuden,
kommt vor sein Angesicht mit Frohlocken!

Erkennt, daß der Herr Gott ist!
Er hat uns gemacht und nicht wir selbst
zu seinem Volk und zu Schafen seiner Weide.

Geht zu seinen Toren ein mit Danken,
zu seinen Vorhöfen mit Loben;
dankt ihm, lobt seinen Namen!

Denn der Herr ist freundlich, und seine Gnade währt ewig,
und seine Wahrheit für und für.

Ehre sei dem Vater und dem Sohn und dem Heiligen Geist,
wie im Anfang, so auch jetzt und allezeit und in Ewigkeit.
Amen.

Anfangslied

»Nun jauchzt dem Herren, alle Welt«
Wir singen vom Lied zu Psalm 100,
im Gesangbuch die **Nr. 288, die Strophen 1 bis 4**:

Nun jauchzt dem Herren, alle Welt!
Kommt her, zu seinem Dienst euch stellt,
kommt mit Frohlocken, säumet nicht,
kommt vor sein heilig Angesicht.

Erkennt, daß Gott ist unser Herr,
der uns erschaffen ihm zur Ehr
und nicht wir selbst: durch Gottes Gnad
ein jeder Mensch sein Leben hat.

Er hat uns ferner wohl bedacht
und uns zu seinem Volk gemacht,
zu Schafen, die er ist bereit
zu führen stets auf gute Weid.

Die ihr nun wollet bei ihm sein,
kommt, geht zu seinen Toren ein
mit Loben durch der Psalmen Klang,
zu seinem Vorhof mit Gesang.

ANSPRACHE

Liebe Gäste!
Die Freude
ist *wie* die Liebe
ein urmenschliches Phänomen.
Trotzdem dürfen wir sie ausdehnen
auf die ganze Schöpfung.
In Psalm 98 (Vers 7) heißt es sogar:
»Die Wasserströme frohlocken,
und alle Berge seien fröhlich vor dem Herrn!«
Den Tieren
können wir die Freude abspüren –
wenn wir sie lieben.
Und Gärtner sprechen von Trauer,
wenn ihre Pflanzen die Köpfe hängen lassen,
weil sich keiner um sie gekümmert hat.
Freude
ist somit ein Phänomen des Lebens überhaupt.

Deshalb ist die Vorstellung ganz legitim,
dass der Gott des Lebens und der Liebe
auch ein Gott der Freude ist.
Nur schade,
dass sie in unseren Gottesdiensten
so selten »rüberkommt«,
die Freude.

Und so war es schon im alten Israel.
Eine einzige Stelle im 5. Buch Mose (28, 47)
begründet sogar das babylonische Exil so:
»Weil du dem Herrn, deinem Gott,
nicht gedient hast
mit *Freude* und Lust deines Herzens!«
Gottesdienst mit Freude.
Das ist das Thema von Ps 100:
»Dienet dem Herrn mit Freuden!«
Eine Steigerung von:
Dienet ihm gern.

Das Hebräische
lässt sogar eine weitere Übersetzung zu:
»Dienet dem Herrn *durch* die Freude!«
Freude
als das beste Mittel im Dienst für Gott.
Wem würde das nicht gefallen?

Aber:
Kann man Freude gebieten? …
Kann man Liebe gebieten?
Doch.
So haben wir bereits festgestellt.
»Man« kann zwar nicht,
aber die Liebe selbst kann.
Gott ist Liebe,
ER kann Liebe gebieten.
Denn der Ur-Satz der Liebe heißt:
»Liebe mich!«
Warum?
Weil sich die Liebe
erst vollendet durch die Gegenliebe.

Und mit der Freude ist es
wie mit der Liebe.

Deshalb gilt auch:
»Man« kann die Freude nicht gebieten,
aber die Freude, sie kann es.
Der Gott der Liebe und der Freude
sagt uns gleichsam:
»Freue dich an mir und über mich!«
Warum?
»Weil ich mich an dir und über dich freue,
und weil sich meine Freude
erst vollendet durch deine Freude!«

Ja, weil der Gott der Liebe
sich immer am Gegenstand seiner Liebe,
an uns erfreut,
deshalb wartet er auch
auf unsere Liebe,
auf unser Freude.

Liebe Schwestern und Brüder,

Matthias Claudius sagte
in einem seiner Gedichte:
»Will mich denn freuen noch,
wenn auch Lebensmühe mein wartet,
will mich freun!«
Die Freude als ein Willensakt des Menschen.

»Wir wollen alle fröhlich sein
in dieser österlichen Zeit!«
So singen wir zum Tag der Auferstehung Christi,
zu jenem ersten Tag der Woche,
von dem sich unser Sonntag herleitet.

Auch in einem Sonntagslied (EG 162, 3) heißt es:
»Das ist der rechte Sonnentag,
da man sich nicht gnug freuen mag,
da wir mit Gott versöhnet sind,
daß nun ein Christ heißt Gottes Kind.
Halleluja!«

Die Freude
als ein Willensakt des Menschen,
als ein Anlass zur Selbstaufforderung:
»Will mich denn freuen noch,
wenn auch Lebensmühe mein wartet,
will mich freun!«

Die modernen
Psychologen und Neurowissenschaftler
haben es im Experiment nachgewiesen:
Wenn wir ein fröhliches Gesicht machen,
wirkt sich das positiv auf Körper und Seele aus.
Unabhängig davon,
ob wir gerade freudig gestimmt sind oder nicht.

Wie müssen uns dann erst
die Texte und Lieder von der Freude wohl tun!
Warum?
Weil sie für Gott selbst eine helle Freude sind.

Liebe Schwestern und Brüder,
seien wir ehrlich:
Die Freude fällt uns nicht jeden Tag leicht.
Sie steht ja nicht einfach zur Verfügung.
Manchmal ist sie tatsächlich eine Art Leistung.
Und wie schaffen wir das?

Dazu gibt uns Psalm 100 eine klare Anweisung:
»Erkennt, dass der Herr Gott ist!«
»Erkennen«, so haben wir schon festgestellt,
jemanden erkennen,
das meint in der hebräischen Ursprache
ein liebendes Erkennen,
eine intime Gemeinschaft.

Die Erkenntnis des Schöpfers
ist somit eine Erkenntnis der Liebe:
Er hat uns gemacht.
Seiner Liebe verdanken wir,
was wir sind und haben …

Die Fortsetzung des Verses:
»Er hat uns gemacht – und nicht wir selbst«
hat mir schon immer Kopfzerbrechen gemacht.
Welcher Mensch kommt schon auf den Gedanken,
er habe sich selbst geschaffen?!

Und dass der Mensch eines fernen Tages
vielleicht andere Menschen erschaffen könnte,
ist eine reine Horrorvorstellung.
Das »Und nicht wir selbst« aus Psalm 100
wäre da ein gutes Gegenargument.

Aber ich muss mich und Sie enttäuschen.
Im Urtext handelt es sich nachweislich
um einen Abschreibfehler:
ein einziger Buchstabe wurde verwechselt.

Richtig heißt es:
»Er hat uns gemacht – und *sein* sind wir,
sein Volk und Schafe seiner Weide!«

So
wie ein Töpfer seine Tonwaren gestaltet
und sie als sein Eigentum
verkauft, verschenkt oder selbst behält,
so gehören wir alle dem,
der uns geschaffen hat.

Als Geschöpfe sind wir Eigentum des Schöpfers.
Er ist unser – wir sind sein.
Schöpfer und Geschöpf.
Dieses Paar gehört zusammen.

Davon geht die Fortsetzung des Psalms aus:
»Gehet zu seinen Toren ein mit Danken,
zu seinen Vorhöfen mit Loben!«

Noch einmal:
Wie schaffe ich das, mich zu freuen?
Antwort:
Der Dank öffnet die Tür zur Freude.
Ich will danken, das heißt:
Ich will mich freuen!

An dunklen Tagen
mit ihren Trauerschleiern
besinne ich mich ganz bewusst,
wofür ich danken könnte.
Und noch während ich aufzähle,
bevor ich zur Nr. 5 komme,
hellt sich mein Himmel auf.
Während ich Gott danke,
spüre ich *seine* Freude darüber.
Und diese
teilt sich mir unmittelbar mit.

Wir sagen ja gern:
Geteilte Freude ist doppelte Freude.
Und das gilt eben auch für Gott!
Er hat die Freude quasi erfunden,
damit es uns leicht fällt,
ihm zu dienen, nämlich:
sich einfach mit ihm
und an ihm zu freuen!

Nehemia,
der nach dem babylonischen Exil
die zerstörten Mauern Jerusalems
wieder baute,
sagte zu seinen verzagten Mitarbeitern:
»Seid nicht bekümmert,
denn die Freude *am Herrn* ist eure Stärke,
euer Zufluchtsort!« (Neh 8, 10)

Hier erlaubt der Urtext
auch eine andere Lesart, nämlich:
Die Freude *des* Herrn,
d.h. die Freude des Herrn an *euch*,
das ist eure Stärke, euer Zufluchtsort.

Gott und Mensch
freuen sich aneinander.
Die Freude des einen
ist die Freude des andern.
Und das bedeutet Stärke.
Das ist ein Ort der Zuflucht
für jede bekümmerte Stunde.

Martin Buber prägte den Satz:
»Die Liebe wohnt nicht im Menschen,
aber der Mensch wohnt in seiner Liebe!«
Das möchte ich zum Schluss
für die Freude geltend machen:

Auch die Freude wohnt nicht im Menschen,
sondern der Mensch wohnt in seiner Freude –
in seiner Freude an Gott
und in Gottes Freude an ihm.

Das heißt, wo auch immer wir
in der Fremde sind,
wann immer wir uns fremd fühlen,
finden wir in uns
ein wahrhaft himmlisches Zuhause!

Amen.

GEBET

Reinhard Schneider
hat unsere Themen »Liebe – Friede – Freude«
in einem langen Gebet zusammengefasst:

Herr!
Ich möchte ein Springbrunnen der Liebe sein,
überfließender Liebe
für Menschen in einer Welt,
die von Gleichgültigkeit vertrocknet ist.
Da entdecke ich,
dass meine Liebe nicht aus mir selbst kommt.
Du, Herr, speisest mich
mit dem Wasser deiner Liebe.
Die Liebe, die ich geben kann,
ist die Liebe, die du möglich machst.
Nur du schenkst überfließende Liebe.

Herr!
Ich möchte ein Kornfeld des Friedens sein,
gereifter Friede
für Menschen in einer Welt,
die von Krieg zerstört und verbrannt ist.
Da entdecke ich,
dass mein Friede nicht aus mir selbst kommt.
Du, Herr, bestellst mich
mit dem Samen deines Friedens.
Der Friede, den ich stiften kann,
ist der Friede, den du schaffst.
Nur du schenkst gereiften Frieden.

Herr!
Ich möchte ein Windhauch der Freude sein,
erfrischender Freude
für Menschen in einer Welt,
die von Trauer erstarrt und verstummt ist.
Da entdecke ich,
dass meine Freude nicht aus mir selbst kommt.
Du, Herr, treibst mich
mit dem Atem deiner Freude.
Die Freude, die ich schenken kann,
ist die Freude, die durch dich aufblüht.
Nur du schenkst erfrischende Freude.

Vater unser im Himmel, geheiligt werde dein Name.
Dein Reich komme.
Dein Wille geschehe. Wie im Himmel, so auf Erden.
Unser tägliches Brot gib uns heute.
Und vergib uns unsere Schuld, wie auch wir vergeben unsern Schuldigern.
Und führe uns nicht in Versuchung, sondern erlöse uns von dem Bösen.
Denn dein ist das Reich und die Kraft und die Herrlichkeit in Ewigkeit.
Amen.

SCHLUSSLIED

Vom *Paul-Gerhardt*-Lied
»Nun danket all und bringet Ehr«,
im Gesangbuch **Nr. 322,**
singen wir **die Strophen 1, 2 und 5**:

Nun danket all und bringet Ehr,
ihr Menschen in der Welt,
dem, dessen Lob der Engel Heer
im Himmel stets vermeld't.

Ermuntert euch und singt mit Schall
Gott, unserm höchsten Gut,
der seine Wunder überall
und große Dinge tut;

Er gebe uns ein fröhlich Herz,
erfrische Geist und Sinn
und werf all Angst, Furcht, Sorg und Schmerz
ins Meeres Tiefen hin.

SEGEN

Gehet nun hin mit dem Segen,
den der Herr auf sein Volk zu legen befohlen und verheißen hat:

Der Herr segne dich und behüte dich.
Der Herr lasse sein Angesicht leuchten über dir und sei dir gnädig.
Der Herr erhebe sein Angesicht auf dich und gebe dir Frieden.

Amen.

ABENDLICHE BESINNUNG AM 24.8.2015 - *Matthäus 25, 1-13*

BEGRÜSSUNG

Ein herzliches Willkommen,
liebe Gäste,
zur abendlichen Besinnung.

Wir besinnen uns auf das,
was letztlich Sinn macht in unserem Leben.
Sinnvoll ist allein die Liebe.
Sie allein hat Ewigkeitswert.
Und sie ist der Beweggrund für alles Gute,
das wir im Leben erfahren:
für Versöhnung, Friede und Freude.

Ein Anlass zum Feiern!
Denn die Bibel redet von Liebe, Versöhnung und Freude
wie von einem Fest.
Das letzte Buch der Bibel, die Offenbarung des Johannes,
schildert die endgültige Gemeinschaft
von Gott und Mensch
sogar mit den Farben eines Hochzeitsfestes.
Über dieses Fest der Liebe denken wir heute nach:

VOTUM

Im Namen des Vaters und des Sohnes und des Heiligen Geistes.
Amen.
Unsere Hilfe steht im Namen des Herrn, der Himmel und Erde gemacht hat,
der Treue hält ewiglich und nicht preisgibt das Werk seiner Hände.

GEBET

Zu ihm, dem dreieinigen Gott, beten wir jetzt
und sprechen gemeinsam unseren Text,
im Gesangbuch die **Nr. 328, Strophe 2**:

Zieh mich, o Vater, zu dem Sohne,
damit dein Sohn mich wieder zieh zur dir;
dein Geist in meinem Herzen wohne
und meine Sinne und Verstand regier,
daß ich den Frieden Gottes schmeck und fühl
und dir darob im Herzen sing und spiel.

Herr, unser Gott,
wir danken dir für deine Liebe,
mit der du ein Leben lang um uns wirbst.
Du wartest auf unser Ja,
das du in Ewigkeit mit uns feiern willst.
Male uns heute dieses Ziel vor Augen!
Darum bitten wir
durch Jesus Christus, unsern Herrn.
Amen.

PSALM

Wir beten weiter mit **Psalm 23**,
im Gesangbuch die **Nr. 739**:

Der Herr ist mein Hirte, mir wird nichts mangeln.
Er weidet mich auf einer grünen Aue
und führt mich zum frischen Wasser.
Er erquickt meine Seele.
Er führt mich auf rechter Straße um seines Namens willen.

Und ob ich schon wanderte im finstern Tal,
fürchte ich kein Unglück:
denn du bist bei mir,
dein Stecken und Stab trösten mich.

Du bereitest vor mir einen Tisch
im Angesicht meiner Feinde.

Du salbst mein Haupt mit Öl
und schenkest mir voll ein.

Gutes und Barmherzigkeit
werden mir folgen mein Leben lang,
und ich werde bleiben im Hause des Herrn immerdar.

Ehre sei dem Vater und dem Sohn und dem Heiligen Geist,
wie im Anfang, so auch jetzt und allezeit und in Ewigkeit.
Amen.

Anfangslied

»Jesu, meine Freude«
Wir singen vom Lied **Nr. 396 die 1. Strophe**:

Jesu, meine Freude,
meines Herzens Weide,
Jesu, meine Zier:
ach wie lang, ach lange
ist dem Herzen bange
und verlangt nach dir!
Gottes Lamm,
mein Bräutigam,
außer dir soll mir auf Erden
nichts sonst Liebers werden.

ANSPRACHE

Liebe Gäste!

Wir haben soeben gesungen:
von Freude und Liebe,
vom Bräutigam und Verlangen:
das Vokabular einer Hochzeit.

Bereits im Buch des Propheten Hosea (Hos 2, 21f)
sagt Gott zu seinem Volk:
»Ich will mich mit dir verloben in Ewigkeit, …
Ja, im Glauben will ich mich mit dir verloben,
und du wirst den Herrn erkennen!«

Ganz offensichtlich
will dieser Gott
eine ewige Verbindung mit uns eingehen!
Sein Wort ist dazu eine grandiose Einladung.
Deshalb redet auch Jesus so gern
von einem Hochzeitsfest.

Normalerweise
wirft ein großes Ereignis
seine Schatten voraus.
Aber das Ereignis dieses Festes
wirft seine *Strahlen* voraus,
die unser ganzes Leben
froh und hell machen.

Das lebendige Kerzenlicht
will uns bei jedem sonntäglichen Gottesdienst,
bei jeder abendlichen Besinnung
an die Geschichte erinnern
vom bevorstehenden Hochzeitsfest,
die uns der Rabbi Jesus erzählt.

Es ist eine
seiner letzten Unterrichtsstunden.
Kurz vor seinem Weg zum Kreuz.

Die Erzählung hört sich an
wie der Kontrapunkt zu einem Vers
aus *Erich Kästners* November-Gedicht:
»Wer noch nicht starb, dem steht es noch bevor,
und der November trägt den Trauerflor!«
Nein!,
heißt es jetzt:
Wer noch nicht *glücklich* war,
dem steht es noch bevor!

Jesu Gleichnis von den fünf klugen
und den fünf törichten Jungfrauen aus Mt 25
ist die Geschichte
vom rechten Warten auf das Glück.

Ich schmuggle mich wieder hinein
in die Geschichte …

Und ich erkenne *Mirjam*, die jüngste der Brautjungfern.
Es ist das erste Mal, dass sie dabei sein darf.
Seit Tagen hat sie nicht mehr richtig geschlafen
vor Aufregung.

Ihren älteren Schwestern
geht sie längst auf die Nerven
mit ihren ewigen Fragen:
»Was soll ich anziehen
und wie muss ich die Fackel halten
und neben wem soll ich denn jetzt gehen … ?«

In ihrem kleinen Kopf ist es schon ganz wirr.
Immer wieder
muss sie sich den genauen Ablauf
der Festgebräuche laut vorsagen:
- Zuerst wird die Braut von uns Jungfrauen
ins elterliche Haus des Bräutigams geführt.
- Der Bräutigam selbst
befindet sich solange mit seinen Freunden
und den männlichen Angehörigen der Braut
in einem anderen Haus.
- Wenn der Bräutigam
mit den Angehörigen der Braut
den Brautpreis ausgehandelt hat,
geht auch er mit seinen Freunden
in die Nacht hinaus.
- Diese beginnen mit dem Festgeschrei:
»Der Bräutigam kommt!«
Für uns das Zeichen,
ihm mit brennenden Fackeln entgegenzueilen
und ihn im Festzug heimzugeleiten.
Dann erst
beginnt mit dem Hochzeitsmahl das große Fest.

»Ach, wär es doch schon so weit!«,
seufzt Mirjam, bevor sie einschläft.
Und im Traum sieht sie die Fackeln tanzen
auf allen Gassen und Straßen Jerusalems,
und sie tanzt mit.

Am Morgen
ist der Lichterglanz verschwunden.
Mürrisch
läuft Mirjam hinter ihren Schwestern drein.

»Ich versteh das nicht«,
mault sie,
»wir haben doch genug Öl zu Hause,
und jetzt laufen wir durch die halbe Stadt,
um welches zu kaufen!«
Die älteren Schwestern sehen sich vielsagend an.
»Wenn's so weit ist, wirst du's schon verstehen.
Wart's ab!«

»Aber *Sarah*«, will Mirjam noch einwenden,
doch sie bleibt lieber still.

Sarah, ihre beste Freundin,
die darf nämlich auch mit zur Hochzeit.
Und *deren* Schwestern
verkündeten schon gestern lautstark:
»Jetzt ist alles bereit:
die Fackeln mit Öl getränkt, die Kleider gebügelt,
der Festtag kann kommen!«

Ach,
Mirjam ist der bloße Gedanke lästig,
dass sie neben der Fackel
auch noch den vollen Ölkrug mitschleppen soll.
Fast ist ihr die Vorfreude verdorben.
Aber sie geht mit und lässt vom Händler
auch ihren Krug füllen.
»Hoffentlich werde ich alles richtig machen,
wie die Großen!«
sagt sie sich vor dem Einschlafen …

Der nächste Tag vergeht in Windeseile!
Und jetzt, mit Einbruch der Dunkelheit,
kann Mirjam sogar ihre beginnende Müdigkeit

mit Erfolg unterdrücken.
Die Neugierde hält sie wach.
Jetzt soll ja das Wichtigste kommen,
nämlich der Bräutigam!

Stolz schreitet sie im hochzeitlichen Zug
zwischen ihren Schwestern
durch die engen Gassen der Altstadt.
»Langsam, geht nicht schnell!«,
ruft es von hinten,
»wir sind doch schon bald in Rufweite des Hauses –
näher dürfen wir nicht kommen!«

Wenige Minuten später
ist der Zug zum Stillstand gekommen,
und bald sucht sich jede
ein Mäuerchen, eine Hauswand,
irgendwas zum Anlehnen.
Sie warten … und warten.
Warum dauert das nur so lange?!
Und irgendwann zwischen Wachen und Dösen
erfährt Mirjam des Rätsels Lösung.

Ihre Schwestern flüstern nur,
aber sie kann sich aus den Wortfetzen,
die der Nachtwind zu ihr rüberträgt,
selbst einen Reim machen.
Sie spitzt ihre Ohren.

»Ich hab mir's doch gleich gedacht!
Das dauert bei *der* Braut!
Würden sie nicht so lange feilschen,
ihre Verwandten,
könnte das falsch verstanden werden!

Der Bräutigam muss ja wissen,
wie ungern sie sie hergeben,
und *wie viel* sie ihnen wert ist!«
»Ach so«, denkt Mirjam,
»es dauert so lange,
weil die Braut so *wertvoll* ist … !«

Aber schon hat der Schlaf sie besiegt …
Ihre brennende Fackel
lehnt neben ihr an der Mauer.
Der Ölkrug erweist sich jetzt als ganz geschickt.
Sie lehnt ihren Kopf dagegen
und träumt vom Fest.

Als Mirjam vom Lärm erwacht,
geht alles sehr schnell.
Ihre Schwestern treiben sie zur Eile.
»Stell dich doch nicht so an!
Sieh her, so musst du´s machen!«

Mit einem Stein
kratzen sie den Ruß von der Fackel
und tränken sie mit frischem Öl.
»So, jetzt brennt´s wieder richtig!«
»Wo ist denn Sarah?«, ruft Mirjam dazwischen.
»Ach,
die ging mit ihren Schwestern Öl holen.
Jetzt mach endlich!«

Mirjam, die noch rasch die Hände abwischt,
muss sich die Augen reiben.
Am Ende der Gasse – ein Lichtermeer,
und mitten drin der Bräutigam!
Schnell hebt sie ihre frische Fackel hoch

und nimmt den Ölkrug – wie leicht der jetzt ist!
Glücklich und stolz
schreitet sie im Festzug.

Taghell
sind die Gassen erleuchtet,
während im Hochzeitssaal
die letzten Vorbereitungen getroffen werden.
Erst als sich hinter dem Letzten die Türe schließt,
ist es draußen wieder Nacht.

Längst
hat das Fest begonnen,
als noch ein paar Nachzügler Einlass begehren.
Auch *Sarah* und ihre Schwestern.
Umsonst.
»*Sarah*? Nein, die kenn ich auch nicht!«
ruft es hinter der geschlossenen Tür.
Dann ist alles still.

Wortlos läuft *Sarah*
hinter ihren Schwestern nach Hause zurück.
Ihre Kehle ist wie zugeschnürt.
»Hätten wir doch!«
Diese Worte hängen
wie schwere Gewitterwolken in der Luft
über den fünf törichten Jungfrauen.
Und *Sarahs* Herz klopft:
»Hoffentlich ist das nur ein böser Traum.
Warum weckt mich denn keiner!?«

Liebe Schwestern und Brüder,

die Gleichnisse Jesu sind Geschichten,

die zwar zu Ende erzählt werden,

aber noch lange nicht zu Ende sind,

weil wir selbst in ihnen vorkommen:

als Mirjam oder als Sarah,

klug oder töricht.

Jesus entwirft vor uns unsere Lebensgeschichte,

damit wir gleichsam in sie einsteigen

und sie zu Ende leben, zum guten Ende.

Denn dazu hat er sie erzählt.

Keine Frage.

Diese Geschichte

hat Jesus besonders

für eine törichte Seele wie die der Sarah erzählt.

Und die Seele,

die ihm genau zuhört,

findet sich in seinen Worten wieder.

Zuletzt sogar

als die geliebte Braut!

Jesus sagt zu meiner Seele:

»Du, Sarah, wach auf!

Es ist wirklich nur ein Traum gewesen.

Es ist heute erst der 24. August 2015.

Es ist noch nicht zu spät.

Du hast noch Zeit!

Ich weiß, es ist dir wichtig, dabei zu sein.

Ich weiß, es ist schwer, lange, so lange zu warten.

Ja, ja, auch die Klugen sind eingeschlafen.

Aber sie haben sich aufs Warten eingestellt.

Wie man das macht?
Nun,
jede wahre Liebe
ist die Geschichte einer großen Geduld.
Deshalb höre ja nicht auf
zu warten und zu träumen …

Es ist ja auch mein eigener Traum:
ich und du.
Das wird ein Fest!
Ein Fest der Liebe, ein Fest des Lebens!
Nicht erst in der Ewigkeit,
nein, wenn du willst,
schon jetzt!

Viel hat es mich gekostet,
weil du so *wertvoll* bist in meinen Augen
und weil ich dich lieb habe (Jes 43, 4).

Deshalb warte auch ich.
Schon lange!
Auf dich, Sarah!
Du weißt doch:
jede wahre Liebe –
auch die *meine* –
ist die Geschichte einer großen Geduld.«

Amen.

GEBET

Herr, unser Gott,
wir danken dir, dass du uns bei der Taufe
mit unserem Namen genannt
und jedem und jeder zugesagt hast:
Du bist mein!
Jetzt wartet deine Liebe auf unsere Antwort.
Und so bitten wir dich:
Rühre unser Herz an,
damit es endlich die Worte findet:
»Ja, ich will!«

Vater unser im Himmel, geheiligt werde dein Name.
Dein Reich komme.
Dein Wille geschehe. Wie im Himmel, so auf Erden.
Unser tägliches Brot gib uns heute.
Und vergib uns unsere Schuld, wie auch wir vergeben unsern Schuldigern.
Und führe uns nicht in Versuchung, sondern erlöse uns von dem Bösen.
Denn dein ist das Reich und die Kraft und die Herrlichkeit in Ewigkeit.
Amen.

SCHLUSSLIED

»Wachet auf, ruft uns die Stimme«
Wir singen vom Lied zu unserer Geschichte,
im Gesangbuch **Nr. 147, die 1. Strophe**:

»Wachet auf«, ruft uns die Stimme
der Wächter sehr hoch auf der Zinne,
»wach auf, du Stadt Jerusalem!
Mitternacht heißt diese Stunde«;
sie rufen uns mit hellem Munde:
»Wo seid ihr klugen Jungfrauen?
Wohlauf, der Bräut´gam kommt,
steht auf, die Lampen nehmt!
Halleluja!
Macht euch bereit zu der Hochzeit,
ihr müsset ihm entgegengehn!«

SEGEN

Gehet nun hin in diese Nacht und in den morgigen Tag mit dem Segen,
den der Herr auf sein Volk zu legen befohlen und verheißen hat:

Der Herr segne dich und behüte dich.
Der Herr lasse sein Angesicht leuchten über dir und sei dir gnädig.
Der Herr erhebe sein Angesicht auf dich und gebe dir Frieden.

Amen.

ABENDLICHE BESINNUNG AM 25.8.2015 - *Die Sprache der Liebe*

BEGRÜSSUNG

Herzlich willkommen,
liebe Gäste,
zu unserer letzten
gemeinsamen abendlichen Besinnung.

Vor drei Wochen habe ich mich Ihnen vorgestellt
mit der schwäbischen Karte:
»Liebe koscht nix ond isch bio«!
Auf Hochdeutsch:
Liebe kostet nichts und ist biologisch!
Ins *Theologische* übersetzt:
Liebe ist so ein Geschenk wie das Leben selbst.
Ein Gottesgeschenk.
Aber ihn hat es alles gekostet.
Seine Liebe hat für uns alle mit dem Leben bezahlt.
Deshalb sind wir frei,
frei zum Leben und zur Liebe.
Darüber freuen wir uns heute:

VOTUM

Im Namen des Vaters und des Sohnes und des Heiligen Geistes.
Amen.
Unsere Hilfe steht im Namen des Herrn, der Himmel und Erde gemacht hat,
der Treue hält ewiglich und nicht preisgibt das Werk seiner Hände.

GEBET

Zu ihm, dem dreieinigen Gott, beten wir jetzt
und sprechen gemeinsam unseren Text,
im Gesangbuch die **Nr. 328, Strophe 2**:

Zieh mich, o Vater, zu dem Sohne,
damit dein Sohn mich wieder zieh zur dir;
dein Geist in meinem Herzen wohne
und meine Sinne und Verstand regier,
daß ich den Frieden Gottes schmeck und fühl
und dir darob im Herzen sing und spiel.

Herr, unser Gott,
dass wir singen und spielen können
vor dir und für dich,
das danken wir deiner unendlichen Liebe,
deiner unendlichen Geduld.
Dafür preisen wir dich heute Abend.
Amen.

PSALM

Wir beten weiter mit Worten aus **Psalm 18**,
im Gesangbuch die **Nr. 735**:

Herzlich lieb hab ich dich, Herr, meine Stärke!
Herr, mein Fels, meine Burg, mein Erretter;
mein Gott, mein Hort, auf den ich traue,
mein Schild und Berg meines Heils und mein Schutz!
Ich rufe an den Herrn, den Hochgelobten,
so werde ich vor meinen Feinden errettet.
Es umfingen mich des Todes Bande,
und die Fluten des Verderbens erschreckten mich.

Des Totenreichs Bande umfingen mich,
und des Todes Stricke überwältigten mich.

Als mir angst war, rief ich den Herrn an
und schrie zu meinem Gott.

Da erhörte er meine Stimme von seinem Tempel,
und mein Schreien kam vor ihn zu seinen Ohren.

Er streckte seine Hand aus von der Höhe und faßte mich
und zog mich aus großen Wassern.

Der Herr ward meine Zuversicht.
Er führte mich hinaus ins Weite,
er riß mich heraus; denn er hatte Lust zu mir.

Der Herr lebt! Gelobt sei mein Fels!
Der Gott meines Heils sei hoch erhoben.

Darum will ich dir danken, Herr, unter den Heiden
und deinem Namen lobsingen.

Ehre sei dem Vater durch den Sohn im Heiligen Geist,
wie im Anfang, so auch jetzt und allezeit und in Ewigkeit.
Amen.

ANFANGSLIED

»Lobe den Herren, den mächtigen König der Ehren«
Wir singen das Lied in der ökumenischen Fassung,
im Gesangbuch **Nr. 316, die Strophen 1 bis 4**:

Lobe den Herren, den mächtigen König der Ehren,
lob ihn, o Seele, vereint mit den himmlischen Chören.
Kommet zuhauf,
Psalter und Harfe, wacht auf,
lasset den Lobgesang hören!

Lobe den Herren, der alles so herrlich regieret,
der dich auf Adelers Fittichen sicher geführet,
der dich erhält,
wie es dir selber gefällt;
hast du nicht dieses verspüret?

Lobe den Herren, der künstlich und fein dich bereitet,
der dir Gesundheit verliehen, dich freundlich geleitet.
In wieviel Not
hat nicht der gnädige Gott
über dir Flügel gebreitet!

Lobe den Herren, der sichtbar dein Leben gesegnet,
der aus dem Himmel mit Strömen der Liebe geregnet.
Denke daran,
was der Allmächtige kann,
der dir mit Liebe begegnet.

ANSPRACHE

Liebe Gäste,
das große Fest der Liebe und der Freude,
die Hochzeit, war gestern unser Thema.
Ja, Gott lädt ein: zu einem Fest.
Und der Mensch –
hat zu tun.
Alles andere scheint ihm wichtiger zu sein.
Deshalb leidet Gottes Liebe …

Dazu eine chassidische Geschichte:

Rabbi David,
ein Enkelkind des Rabbi Baruch,
liebte es, als er noch ein Knabe war,
»Verstecken« zu spielen.

Eines Tages spielte er wieder mit einem Knaben.
Er verbarg sich,
wartete lange in seinem Versteck,
denn er vermeinte,
sein Freund suche ihn und könne ihn nicht finden,
und sein Herz freute sich gar sehr.

Lange wartete er so, aber vergebens;
sein Gefährte suchte ihn nicht.

Er kam aus dem Versteck heraus,
fand den Knaben nicht mehr und wurde gewahr,
dass er ihn gar nicht gesucht hatte.

Er lief in die Stube seines Großvaters,
weinte und klagte.
»Ich habe mich versteckt,
und der böse Henoch hat mich nicht gesucht!«

Da entströmten den Augen Rabbi Baruchs Tränen,
und er sagte:
»Schau, so klagt Gott auch!
Er hat sein Antlitz von uns abgewendet
und sich vor uns verborgen,
dass wir ihn suchen und ihn finden –
wir aber suchen ihn nicht.«

Ein weinender Gott?
Die Wortwahl des alten Rabbi ist nicht zufällig.
Wie anders sollte er seinem Enkel
das Leiden Gottes veranschaulichen?

Ich möchte jetzt dem weinenden Gott
noch ein anderes Bild zur Seite stellen:
das vom liebebedürftigen Gott.

Denn Gott zeigt sich uns als liebebedürftig
darum, weil er genau weiß:
unsere Liebe ist gottbedürftig.
Eine vollendete menschliche Liebe
gibt es nur im Kontakt mit dem unendlichen,
dem ewigen Gott.
Sonst wäre es ja eine »gottlose« Liebe!
Ein Widerspruch in sich selbst.
Warum?
Weil Gott
Liebe ist.

So sehr hat Gott die Welt geliebt,
dass er Mensch wurde.
Und wenn wir Weihnachten ernst nehmen,
dann wird Gott eben nicht nur Mensch,
sondern sogar ein Säugling.

Ein Säugling.
Das bedürftigste Wesen, das wir kennen.
Ohne Zuwendung, ohne Ansprache, ohne Liebe
ist das Neugeborene nicht lebensfähig.
Das hat ein schlimmes Experiment
des letzten Jahrhunderts gezeigt.

In einem Waisenhaus wurden einige Säuglinge
ohne Ansprache,
ohne Zuneigung, ohne liebevolle Berührung
nur eben versorgt.
Und keines konnte überleben.

Gott
ist als ein solch liebebedürftiges Wesen
in dieser Welt erschienen.

Um unseretwillen.
Wie anders sollte er uns auch zeigen können,
dass er von uns geliebt sein will?
Denn auch die göttliche Liebe kommt erst zur Vollendung
durch die entsprechende Gegenliebe.
Durch meine und deine Liebe.

Das alttestamentliche
Gebot der Gottesliebe (Dt 6, 4f),
das Jesus zitiert (Mk 12, 29f),
meint nichts anderes als:
Höre, Israel, dein Gott ist einer,
der geliebt werden will.
Also: Liebe ihn!

Doch wer kann das schon,
liebe Schwestern und Brüder?
Fragen wir die Bibel:
Wer konnte das jemals?

Nur von *einem* konkreten Menschen
wird dies berichtet im 1. Königebuch (3, 3):
»Salomo aber liebte den Herrn«.
Der weise König,
der seinem Gott einen Tempel baute,
der konnte das.
Aber ich?
Bin ich etwa Salomo?
Bin ich etwa weise?
Nein.

Zum Glück gibt es noch den **Psalm 116**,
wo es im Urtext heißt (Vers 1): »Ich liebe ihn,
denn der Herr hört meine Stimme, mein Flehen.«

Gleichsam als entsprechende Antwort
auf das berühmte
»*Höre, Israel,*
du sollst den Herrn, deinen Gott lieben!*«*
heißt es hier:
»Ja, ich liebe ihn – denn *Gott hört!*«

Psalm 116 ist kein Psalm Davids.
Ein anonymer Beter hat so gesprochen.
Kann ich ein anonymer Beter sein?
Das schon!
Ja, auch ich kann Gott bitten und erfahren,
dass er mich hört.

Das Gespräch, das Hören aufeinander,
das macht doch jede Liebe aus.
Liebe
offenbart sich im Wort, sogar im Tonfall.
Sie kann nicht verborgen bleiben.
Wenn wir das Hohelied Salomos in der Bibel lesen,
fällt uns auf, dass es fast nur
aus dem Zwiegespräch der Liebenden besteht.

Vom Wort, vom Gespräch
ernährt sich die Liebe.
Auch die Liebe zu Gott.
Deshalb
ist das *Gebet* der Schlüssel
zur Praxis der Gottesliebe.

Der sog. amerikanische *Buber*,
Abraham Joshua Heschel, sagte:
»Viel größer als meine Sehnsucht zu beten,

ist Gottes Sehnsucht, dass ich bete«,
mit ihm rede.

Deshalb schreibt *Paulus* in seinem ältesten Brief (1Thess 5, 17):
»Betet ohne Unterlass!«
Ja, das tun wir,
wenn wir große Probleme haben.
Aber sonst?
Sonst
rät uns der Jakobusbrief (5, 13):
»Leidet jemand unter euch, der bete.
Ist jemand gutes Muts, der singe Psalmen.«

Ich interpretiere das gerne so:
»Leidet jemand unter euch, der BETE,
ist jemand gutes Muts, der SINGE Psalmen!«
Denn Psalm-*Gebete*
sind im wahrsten Sinne der Wortes not-wendig.
Und Psalm-*Gesänge*
werden nach der Wende der Not angestimmt.
Psalmen passen also in jede Lebenslage.

Die Vorliebe für den Psalter
prägte bereits die junge Kirche.
Priester durfte damals nur werden,
wer den Psalter auswendig konnte.

Ich möchte jetzt den heutigen Priestermangel
nicht *darauf* zurückführen.
Auch evangelische Pfarrer
würden bei einer solchen Prüfung durchfallen.

Trotzdem möchte ich Sie alle ermutigen,
mit Psalmen im Gepäck spazieren zu gehen.
Im Gehen

fällt das Auswendiglernen am leichtesten.
Psalmen
leihen uns ihre Stimme,
wenn die unsere versagt.
Psalmen
leihen uns ihre Sprache,
wenn uns die Worte fehlen.

Viele Pfarrerinnen und Pfarrer
werden es bestätigen:
Das Antlitz von Sterbenden beginnt zu strahlen
bei den Worten: »Der Herr ist mein Hirte«.
Selbst Demenzkranke,
die sonst keinen ganzen Satz zusammenbringen,
sagen den ganzen Psalm 23 mit.
… Wenn sie ihn
einst gelernt haben.

Auswendig gelernte Psalmverse
sind also eine lohnende Investition
in *jede* Zukunft!
Mehr noch:
Psalmen sind reinste Gebetssprache.
Und die Sprache des Gebets
ist die Sprache der Liebe,
der Liebe zu Gott.

Denn die Liebe lebt vom Wort, vom Sprechen.
Die Liebe lebt von der Antwort,
von der Zusage: »Ich dich auch!«
Darauf wartet die Liebe.
Darauf wartet der liebebedürftige Gott.

Liebe Gäste,
unser Gottesbild,
zumal das vom allmächtigen Gott,
gleicht einer hohen Kathedrale
wie dem prächtigen Veits-Dom in Prag.
Aber der liebende Gott
hat sich gleichsam
in die Prager Alt-Neu-Synagoge begeben,
unterhalb des Straßenniveaus.
Und dort könnten wir jenes Bild imaginieren,
das *Simone Weil*
so unübertroffen in Szene gesetzt hat.

Sie schrieb:
»Gott wartet mit Geduld,
dass ich endlich einwillige, ihn zu lieben.
Gott wartet *wie* ein Bettler,
der aufrecht, reglos
und schweigend vor jemandem dasteht,
der ihm vielleicht in Stück Brot geben wird.
Die Zeit ist dieses Warten.
Die Zeit ist das Warten Gottes,
der um unsere Liebe bettelt!«

Jetzt ist Zeit.
Zum Lieben, das heißt zum Beten,
wie Jesus Christus uns gelehrt hat:

Gebet

Vater unser im Himmel, geheiligt werde dein Name.
Dein Reich komme.
Dein Wille geschehe. Wie im Himmel, so auf Erden.
Unser tägliches Brot gib uns heute.
Und vergib uns unsere Schuld, wie auch wir vergeben unsern Schuldigern.
Und führe uns nicht in Versuchung, sondern erlöse uns von dem Bösen.
Denn dein ist das Reich und die Kraft und die Herrlichkeit in Ewigkeit.
Amen.

Schlusslied

»Das hat er alles uns getan, sein groß Lieb zu zeigen an«

Mit der Strophe eines Weihnachtsliedes
fassen wir den Dank zusammen
für alles,
was wir Gutes erfahren haben
im Leben,
und hier im Hause Schüle.

Wir singen Lied **Nr. 23**, **Strophe 7**:

Das hat er alles uns getan,
sein groß Lieb zu zeigen an.
Des freu sich alle Christenheit
und dank ihm des in Ewigkeit.
Kyrieleis.

SEGEN

Gehet nun hin mit dem Segen,
den der Herr auf sein Volk zu legen befohlen und verheißen hat:

Der Herr segne dich und behüte dich.
Der Herr lasse sein Angesicht leuchten über dir und sei dir gnädig.
Der Herr erhebe sein Angesicht auf dich und gebe dir Frieden.

Amen.

Ich wünsche Ihnen *alles Gute im Leben*,
ob in Oberstdorf oder zu Hause,
und verabschiede mich mit einem Gruß
von *Albert Bartsch*:

»Geh deinen Weg und zweifle nicht;
der Herr wird mit dir gehen!
Er ist in jeder Nacht dein Licht.
Getrost! Du wirst es sehen!
Geh deinen Weg und säume nicht,
du sollst ihn fröhlich wagen!
Und wenn es dir an Kraft gebricht,
wird Gott dich liebend tragen!«

Quellennachweis

Bitte beachten Sie auch die folgende Seite.

Hannelore Jaus
im Fischbach Verlag Dornhan:

Mehr Text hat dieses Lied nicht

Predigten im Jahreskreis

Erzählend führen diese Predigten in die Welt der Bibel, von der
Abraham Joschua Heschel sagt:
»Unwiderlegbar, unzerstörbar, nie abgenutzt durch die Zeit wandert die Bibel durch
die Zeitalter. Ohne Zögern schenkt sie sich allen Menschen, als ob sie jedermann auf
Erden gehörte. Sie spricht in jeder Sprache und in jedem Lebensalter. Sie befruchtet
alle Künste, ohne mit ihnen zu konkurrieren. Wir alle leben von ihr, und sie bleibt
unangetastet, unerschöpflich und ganz. In 3.000 Jahren ist sie nicht um einen Tag
gealtert. Sie ist ein unsterbliches Buch.«

Halbleinen | 192 Seiten | 17 x 24 cm | 22,00 EUR

ISBN: **978-3-932904-08-0**